What Makes Men Perfect?

北歐超完美丈夫的秘密

做家事帶小孩不過是份內的事而已

李濠仲・著

目錄 Contents

What Makes Men Perfect?

Ch.3 挪威女人 VS. 挪威男人

Ch.4

Ch.5

推薦序

誰不希望擁有「完美丈夫」呢？

文・張錦華／臺灣大學新聞研究所教授，臺灣大學人口與性別研究中心主任

今年三月我到挪威北邊的薩米部落參加一個原住民傳播的國際會議。回程在南方的奧斯陸、貝根城待了數天，至今仍印象深刻的，卻不僅是挪威的山明水秀、峽彎之美、雕塑公園的人生百態，或是諾貝爾和平獎博物館中數位女性得主的大海報；還有街道上、公園中，四處推著娃娃車，數量似乎比媽媽們還多的奶爸們，高大帥氣卻溫柔呵護的身影！他們是怎麼做到的？這問題一直縈繞在心頭。

書序的邀約基本上是一份甜密的負擔，但這份邀約很難拒絕。雖然，我和濠仲僅在挪威一次飯局中認識而已。

不過，當我知道，溫柔熱忱的幫我們幾位教授安排挪威訪問的臺灣外交部秘書，就是這位男士的妻子，她能通過傳統上都是男人天下的外交官考試，不讓鬚眉的企圖心已經令人刮目相看；而做老公的他，願意擺脫根深蒂固的父權文化和心態，婦唱夫隨，遠渡重洋，落腳在離北極圈不遠的奧斯陸；然後，過著「自由作家」兼家庭「主夫」的日子，每天在男性和女性意識的矛盾中天人交戰！這份心路歷程的真情告白，絕對應該是當代台灣推動性別平等的第一手男人實踐範例。

濠仲不但每天在全然「屬於自己」的公寓蹲點，打理家務、做好晚餐等候妻子回家，還發心要寫一本觀察挪威兩性平權的專書，以他親身三年餘的「賢夫」經歷，分享挪威——這個當選二〇一一年全世界「最完美丈夫」的冠軍國度，也是與北歐各國並列齊名的性別平等的模範國家——如何獲致這個美名，以及美名背後不為人知的喜怒哀樂，實是理論與實務兼具的絕佳題材，我真是忍不住的期待先睹為快了。

一路讀來不但被作者幽默反諷、觀察入微、旁引博徵的文字所吸引，而且發現，本書真正的秘密，不僅是告訴我們挪威的男人如何無怨無悔的成為「最完美的丈夫」，而且提供了一把解開台灣「不婚族、少子化」問題的金鑰！

眾所周知，臺灣從二〇〇〇年以來的生育率即江河日下，失控下落到二〇一一年的**0.895**，平均每對夫妻生不到一胎。不但創下歷史新低，也在全球排名中敬陪末座。二〇一二年恰逢龍年，稍有提升，但明年能否維持，令人憂慮。這樣的人口結構對政治、經濟、社會、教育等發展都已經出現嚴重警訊，被總統馬英九稱之為「國安問題」。政府雖然開始推動各種措施，包括育嬰假、幼兒托育、青年安心成家及育兒津貼等，但政府首長也坦言，「當然不是花錢就有用」，要能夠營造有利的生育環境，讓年輕人，尤其是女性，能夠不怕「生小孩」，並且不怕「養小孩」，才是關鍵。

行政院勞委會比較各國女性的勞動參與率，結果發現，相對於美國、德國、韓國、甚至日本，我國女性在**25**～**30**歲這個區間的就業率最高，但自此以後的離職比率就直線上升，而且，**40**歲後的在職比例更低於以上各國！

長期力推北歐性別平等和照顧政策的學者劉毓秀就認為，臺灣女性運動雖然已有相當成效，但是普遍而言，女性仍難以兼顧家庭和事業，結果不但無法讓女性在職場上貢獻所長，建立自主的成就和尊嚴；也造成女性對生養小孩，甚至婚姻家庭，都敬而遠之的雙輸局面。而北歐國家重視性別平權和兒童照顧福利政策，他們的婦女就業和生育卻能雙贏。

挪威是怎麼做到的呢？本書不是硬邦邦的政策理念，而是有趣詼諧、不勝枚舉的案例，在作者妙筆生花之下，令人莞爾，也令人深思。

例如：挪威以至北歐各國的「超完美丈夫」，已經將分擔家事、照顧小孩，當作是「天經地義」的責任，男人回家後立即投入家務已「渾然天成」，成為生活中的例行工作；當然，女人也不再所謂「女性化」，打破「依賴及美貌」的刻板形象。從幼稚園開始，小女生同樣被教導在天寒地凍的野外冰雪中，學會各種獨立技能、建立自主自信。教材中對多元性別經驗的尊重，往往讓其他國家退避三舍時，多數挪威人已視為理所當然。

同時，享有高度自由權利的挪威，在二〇〇三年跟進丹麥立法，禁止廣告播出性別歧視的內容和影像，結果，挪威性行為雖然十分開放，但是廣告中卻不以裸露為能事，汽車展裡也不再有引人遐思的比基尼女郎，大眾媒體中更沒有了消費女性身材性徵的各種俗不可耐的字眼！更有趣的是，為了避免「瘦女人」當道造成的體型歧視和誤導，挪威政府出面協商廣告主，建議在模特兒廣告看板下，仿照香菸廣告，加註「照片的模特兒的身材已經由電腦美化」等字眼。比比皆是的例子，真讓人大開眼界。

當然，挪威有石油黑金的挹助，得以享有強大經濟後盾，更輕鬆的打造福利國家。但是，更重要的，是真正落實執行照顧政策，把「照顧兒童，國家責無旁貸」的理念化為各種男女平權的休假和福利。結果，挪威女人可以兼顧家庭和事業，不但政府部會首長中有五成是女性、國會女性比例有四成、私人企業董事席次也有四成是女性，成為全世界唯一達成此一比例的國家。

男人呢？作者深刻的指出：「挪威的女性主義意識興起，原本是為了讓受父權操縱的女人得到解放，過程中反而幫助了他們的男人從性別桎梏裡解脫，讓男人卸下因性別而來的重擔。」不是只有在職場上飛黃騰達，而且還有幸親身體驗另外「半個人類」的生活，所以，挪威的性別平權政策，讓男人終於享受「全人」生命經驗，男人才是真正受惠的對象！

本書顯然對男女都大有益處，絕對可以擴大性別和國際視野；並且，更值得做為性別和人口議題的相關課程中的指定教材或課外讀物。說真的，誰不希望擁有一位「完美丈夫」呢！

前言

故事就從那年冬天說起……

二〇〇九年農曆年過後，在下匆匆結束了以筆代槍的記者工作，隨同奉派國外的妻子遠赴北歐挪威。從此深居簡出，生命逆轉，和過去喧囂複雜的人際生活不可同日而語，英雄主義幾無用武之地，經過三十餘年忠實地扮演男性角色，此刻卻讓人十分懷疑，「男人到底是什麼？」

早從呱呱墜地開始，我們便習於遵照傳統性別期待，打理著往後每一階段的人生，風土民情巍巍如斯，少有人會甘冒虎口，刻意忤逆，畢竟順勢而流，又何必和滔滔巨浪過意不去。

關於男子漢的形象始終清晰透澈，予人一目了然，他們以權勢、財富、身分、地位綜合分析畫出個人顯赫的戰力表，據此成為一家之主、女人的肩膀以及子女的靠山。煽動他們為了功成名就出外搏鬥，簡直輕而易舉；若要他們放棄逞強好勝，成天操持家務，以妻為尊，那才叫難上加難。

儘管身處女權高漲的年代，似乎也無濟於事，早已化入社會骨髓的父權色彩依舊不為所動，它不僅主導了男人的行為舉止，同時也成功滲透到女人的內心世界，並且教育她們如何正確地評價自己和周遭男人。男女雙方連袂鞏固的「男子氣概」（masculinity），已迄堅若磐石。

易國而居終究不脫文明世界，食衣住行的遊戲規則大同小異，旋踵即可駕輕就熟，反倒是角色顛倒錯置的煎熬，就未必隨時光飛逝悠然而去。我的選擇，如同在進行一場大規模、長時間的個人試驗，用以檢測傳統男性心理到底能夠做出多大的扭曲和變形，又或者純然印證因生理構造所衍生的兩性差異確實存在。男人、女人彼此順應「天性」而為，地球上已有數千萬年歷史，賴以基因代代相傳，一旦偏離性別期待的軌道，難保有違物競天擇的運轉？

太太因工作之故日日早出晚歸，成天空蕩蕩的公寓於我仿若囚籠，這是男人本色面臨的第一道關卡，陷溺兩性刻板印象的囹圄。我們的確很難接受這種「男主內、女主外」的安排，就算平權主義在當前時代早就不是陌生的名詞，但我們對它實際的內涵似乎仍無從掌握，這足以讓一名侷促於室的男人惶惶不可終日，惴惴不安還在於挑戰僅為序幕登場。

撰寫此書，未必是對新時代的男女關係已有豁然開朗的見地，更非鼓勵大家以挪威男人為師，挪威男人濃厚的家庭意識固然堪稱典範，總非一蹴可幾；貿然仿製，恐怕畫虎不成。不過話說回來，各位倒是可以藉由斯堪地納維亞半島後現代的紅男綠女，衡量我們自己究竟受性別期待制約到什麼程度，並從中見識亞當和夏娃的角色扮演，原來還具備深不可測的潛力。

Ch.1

跟著老婆大人去挪威

為了成全自己的妻子，你辭去了工作、遠離了死黨，同時揮別那間縱容你在胡言亂語中尋找自我的酒吧，從此「婦」唱「夫」隨……結果一切並非「船到橋頭自然直」，更糟糕的是，你幾乎快忘了「男人」該是個什麼模樣……

1.1

女王陛下

直到今天，儘管許多有識之士還未放棄對男人進行改造，但我們彼此心知肚明，你我仍舊習以為常男人賺錢養家、擋風遮雨的角色。

如果要妳，我是說「妳」，一個花了幾年時間，終於擺脫社會新鮮人稚嫩模樣，開始享有穩定生活和世故智慧的妳，斷然辭去工作、告別雙親、遠離昔日姊妹淘，只為了配合先生一份領有優渥報酬的工作，從此放下一切，隨其遠赴他鄉，在往後人生地不熟的異國，付出絕大多數時間，打理著經常空蕩蕩的公寓，這或許算不上什麼困難決定吧？

好吧，也許剛開始會有些掙扎，但到頭來妳應該還是可以接受這樣的安排，尤其，當妳意識到今後再也不必趕著上班打卡；再也不必應付那位老愛出餿主意，從頭到腳都惹人厭的老闆；再也沒有整理不完的報表、加不完的班，卻又負擔得起微薄薪水定義下的奢侈品。想到居然會有這麼一天，它所帶來的變化，將立刻轉而讓人怦然心動。

妳拋開了所有上班族的煩惱，而且有的是時間做白日夢，即使躺在沙發上看一整天木村拓哉主演的日劇，聽一整天貝多芬小提琴協奏曲，只要妳先生沒意見，誰也干涉不了妳。未來彷彿童話故事裡的情節，妳將從此過著幸福快樂的日子，唯一要擔心的，就是如何好好消費妳所剩無多的青春。

但，換做是「你」，你願意嗎？

你願意為了成全自己的妻子，遠離死黨，揮別那間縱容你在胡言亂語中尋找自我的酒吧，從此「婦」唱「夫」隨，忘了眼看就要打下半壁江山的事業，坦然接受所有曾經有過的光榮，就像抽雪茄時吐出的一口煙，雖然滋味縈繞心頭，也只能任由它隨風散去？當然，你不可能天真地以為離你而去的只有這些，你還得大肆出清你的「男子氣概」，學著以妻為尊，同時做好心理準備，你孜孜矻矻營造出的社經地位將一落千丈，接下來你所面對的生活，恐怕不比過去只為追求富有、成功來得輕鬆。

儘管七〇年代風起雲湧的女權運動曾試圖替我們洗腦，直到今天許多有識之士也還未放棄對男人進行改造，但我們彼此心知肚明，你我仍舊習以為常男人賺錢養家、擋風遮雨的角色。要我們這類靠著在工作中印證男子氣概的男人，學會不再把女人當成男人的附屬品、不再扮演家中的支配者、放棄在職場上爭強好勝的個性，不僅困難至極，而且近乎無望。失去競爭社會地位更高、薪資更好的工作機會，只會讓我們成為半死不活的人類，而那一度就是所謂的「新好男人」。

我們以為自己早已躲開父權社會埋下的陷阱，可以很理智地克服沙文主義的歪風，有朝一日一旦被迫脫離傳統角色，我們將發現「男主外、女主內」的性別準則，原來根深蒂固到難以撼動。我們仍堅持女人的天性就是相夫教子，男人就該負責養家活口，不僅受限於風俗習慣，我們的社會制度也一直在旁推波助瀾。儘管職業婦女比例陡增，雙薪家庭已蔚為主流，

電影《復仇者聯盟》呈現的內容即為典型男子氣概。

許多國家女權活動皆從這張海報開始。（爭取同工同酬）

女人紛紛在企業、政壇、社會領導階級嶄露頭角，亙古不變的「男子氣概」形象卻從未遭到瓦解。

我所提出的問題，雖然只是男女立場互換，但我敢肯定，婦唱夫隨將是一道比夫唱婦隨更複雜數倍的幾何問題。古往今來，無論凡夫俗子、王公貴族，多數人體內皆留有「大男人、小女人」的基因，主、從之間稍有風吹草動，就是對男尊女卑這般人類文化遺產的反叛。

英國菲利浦親王一九四七年迎娶伊莉莎白公主為妻，婚禮前一天晚上，他焦慮地頻頻詢問他的親友，以他這位沒落王族的親王，竟敢高攀大英盛世下的公主，究竟是勇敢還是愚昧？五年後，就在伊莉莎白（二世）繼承英國王位的一刻，依照王室律法，身為女王丈夫的菲利浦竟然得在加冕典禮中向自己的妻子單膝下跪，並且宣誓效忠。過了今天，人前人後，還得尊稱伊莉莎白一聲「陛下」，座椅永遠低於妻子兩階，且不得與她並肩而行，必須在後頭緊跟。

為表示忠誠，擁有希臘國籍的菲利浦親王，也因為娶了伊莉莎白，只好放棄希臘王位的繼承權（***1**）。儘管他婚後一路在英國海軍任職直到榮升艦長，但隨著伊莉莎白登基，菲利浦親王連軍職也要交出，從此將自己完完全全獻給妻子，終其一生他所得到的，是一段和女王之間超過六十年的婚姻，以及一座位居窮鄉僻壤的皇家宅院管理權，這算哪門子的男子漢？選擇了這場婚姻，菲利浦親王的人生志業旋即轉向，伊莉莎白倒是順理成章接受一切。

菲利浦親王不愛江山愛美人，英國八卦報紙曾對他如何扮演女王背後的男人充滿好奇，那為皇室祕辛又多添了好幾筆精采情節。當年的決定，究竟是勇敢還是愚昧，則是如人飲水，冷暖自知，唯有菲利浦親王自己知道答案。

我的太太既非女王，我更不是菲利浦，就怪我的作為亦違反了社會常態，所以還是經常被問到許多尷尬的問題：「你確定你做出了正確的決定？」「你就這樣辭去工作，陪你太太搬到挪威？」「過去的工作怎麼辦？會不會覺得可惜？」「哇嗚，這真是不容易的決定呢，怎麼辦到的？」其他引人好奇之處還有：「你現在每天都在做什麼？」或是「你太太出門上班後，你都怎麼打發時間？」又或者以略帶遺憾的口吻問你：「今後你將做何打算？」「家庭主夫適合你嗎？」接下來聊開後的話題就是：「現在家裡誰在做飯呀？」「開始學做菜了嗎？」「以後生了小孩，是由你在家負責帶小孩嗎？」

偶爾，被工作壓得喘不過氣的男性朋友，會從同情你的處境轉而羨慕你的生活，當然，也有人會以達到兩性平權的境界褒揚你。但我總想反問，如今現實生活中明明就是我太太的主導性較強，哪來的「平權」呢？難道你會對著一名家庭主婦歌頌她的犧牲符合兩性平權的真諦嗎？

然而這些不過是人性裡稀鬆平常的疑惑，其實不存在什麼大道理，但只要「男子氣概」的幽靈一附身，這些小困擾就會成為讓你為之語塞的大哉問。必要的話，答案可以牽連甚廣，包括婚姻、尊嚴、勇氣、理性、感性、理想、現實、工作、生活、人生，甚至類似牌桌上以「賭」論輸贏的心理。

我從未準備好標準答案，又或者答案仍不時修修改改中，有時倒想學學菲利浦親王的尖酸。那回他已是九十歲高齡，苛薄的英國八卦媒體還是不放過他，又一次追問他當年為了伊莉莎白放棄海軍軍職時，內心到底做何感想，老先生於是不耐煩地回答：「看來你們應該是從來沒有過任何一份

«MAN KAN SI JA ELLER NEI. MAN KAN KJEMPE FOR TING, ELLER IKKE GJØRE NOEN TING. MEN IKKE VÆR LIKEGYLDIG TIL ALT! TA ET STANDPUNKT! LA OSS HA DEBATTER OG DISKUSJONER!»

挪威酒店大亨彼得．史托德蘭（Petter Stordalen）相當具有男子氣概，商場上霸氣十足，為商場之道是：「我們可以說要或不要，選擇戰鬥或甚麼都不做，但請別漠視一切，盡管堅定我們的立場，然後彼此辯論。」

⸜ 英國曾是女權十分壓抑的國家。

⸜ 英國白金漢宮。

屬於自己的事業，才會提出這種問題，對吧？」我終究不會做出這種略帶攻擊性的反應，可是心裡有數，一旦顛覆男人本位的遊戲規則，這類封建遺毒的問題，將和你如影隨形。

二〇一二年六月的倫敦街頭熱鬧滾滾，為了女王登基六十周年，舉國推出了一系列慶祝活動。白金漢宮前的音樂表演冠蓋雲集、星光熠熠，特地前來接受道賀的伊莉莎白女王風采依舊卻是形單影隻，夫婿菲利浦親王不巧因膀胱炎住院治療，在歷史性的一刻悄然缺席，不過，倒也無傷大雅，這本來就是一場不屬於他的盛會。

---

*1：一九七四年希臘廢除君主制，進入共和國時代。

1-2

外交人員眷屬

考上外交官也許是她生命中最為自信的一刻，若認定個人的婚姻問題亦將水到渠成，唯一的可能就是她在自欺欺人……

人生有許多關口，是我們早在八百年前就知道遲早要遇上的事，但往往非得等到事到臨頭，我們才被迫認真面對，也才發現問題本身其實要比之前的想像棘手，難得會出現派得上用場的「心理準備」「船到橋頭自然直」根本就是奇蹟。一如結婚、生子以及死亡。

還有，妻子外派。

外交部人事命令發布，她即將被派往台北駐挪威代表處，那不過是我們婚後一年的事，接下來前方的道路既遙遠又不可知，像是駕著車駛進一團濃霧。外交人員第一次外派時經常會有類似的體驗，同時也將這種感受傳染給他的家人，尤其是還得幫忙打包行李一起陪同前去的家人。

除了陽剛味濃郁的軍職之外，外交部也曾是政府機構中最鼓勵陽盛陰衰的部門。二十世紀以前，國與國之間迷戀侵略、征服的民族沙文主義，本來就是專屬於男性外交家和軍事家的權力遊戲，他們藉由避戰的智慧和開戰的勇氣，展現獨有的男子氣概，以印證自己對國家社會的貢獻。進入新的世紀，各國外交部承襲而來的氣氛，仍留有那股「就該男人當家作主」的況味，敝國自然也不例外。

「中華民國外交領事人員考試」女性報考名額在一九九六年獲得鬆綁之前，曾規定女性報考比例不得超過百分之十，之後還有男女錄取比例五比一的第二道性別關卡。日後外交部的高階主管自然以男性居多，它理所當然成了孕育男子氣概的溫床；女性外交人員的存在，偶爾甚至成了男性外

軍職向來充滿濃郁的陽剛味，圖為挪威軍人。

交人員具有優勢的佐證。況且男性外交官絕大多數都是家中經濟最主要的生產者和支配者，妻以夫為貴成了常態，徹底落實了封建禮教中的「嫁雞隨雞、嫁狗隨狗」，更加默許了潛伏在外交人員腦際的父權觀念。

長年以來，台灣的男性外交官不但享有扮演時代英雄的機會，而且還可以是個風度翩翩的紳士，彷彿《傲慢與偏見》中的達西先生，外表英俊、個性內斂、恃才傲物、談吐風雅，優秀、自負、不可一世，若能飽讀詩書，再配合流利的外語，真可謂天下無敵。相對的，在外交部行之有年的階級結構下，女性的發揮空間便受到很大的壓抑。

直到外交特考女性「報考」「錄取」名額限制雙雙取消，中華民國外交部男女比例懸殊的現象才大幅改觀。機關內的雄性威權開始接受挑戰，就像反女性主義者口中「一群處心積慮直闖男人殿堂的悍婦」，進入二十一世紀，女性外交人員每年錄取名額，即以六成的比例直攻外交部。我的太太剛好也搭上這班列車，只是她還稱不上是悍婦。

後續藉由量變，總算帶來些許質變。二〇一〇年，根據官方資料（*1），台灣政府機關女性擔任主管的比例，已從二〇〇〇年的百分之十二點零七

挪威外交部。

提升到百分之二十點五二，同年度外交部的女性主管比例，則有百分之十九點七九，雖然略低於平均值，至少相去不遠，畢竟要讓一個長期由男性把持的領域改頭換面，可不是件簡單的事。

只不過這樣的發展，會讓我們先捲入另一場困局。當我們的社會早已接受一個女人在外交領域頭角崢嶸之際，這個社會同時又能產生多大的胸懷，去面對可能有愈來愈多女性外交官的另一半，也必須開始扮演古來「夫人」的角色。一名剛從學校畢業的年輕單身女孩，焚膏繼晷終於如願考上外交部，初嚐功成名就的喜悅，接下來恐怕就得為如何擇偶傷透腦筋。

外交部男女的工作形態大同小異，每隔一段時間大家就得面臨六年之久的外派任務，近則日本、韓國，遠則非洲、歐洲，周而復始，一個國家換過一個國家，直到退休，可說居無定所。夫妻比翼雙飛，不管暫時落腳何處，他（她）們必然是當家做主，負責宣布彼此的下一站，或者全家人什麼時候啟程，以及何時又得打包離開。每到一座新館處，排山倒海而來盡是千頭萬緒的新業務，他（她）們的另一半則又一次埋首於家中堆積如山尚待開封的行李和包裹，一樣是千頭萬緒。

女性外交官之所以難為，有時並無關乎那棟「大男人俱樂部」，而是自討苦吃，想以一己之力，打造一段浪漫的愛情和穩定的婚姻，結果是蓋了座海市蜃樓。「社會壓力」無色、無臭、無味，卻足以讓人窒息，她們哪裡能找到一個願意擺脫傳統男性理想特徵的另一半；哪裡能找到一個把生活重心從職場抽離，還能繼續保有男子氣概的另一半；哪裡能找到一個不因角色錯置而混淆自我的另一半；哪裡能找到一個既能欣賞她步步累積，又能安度自己時時刻刻「歸零」的另一半；哪裡能找到一個眼看她終於躋身大人物之流，自己竟退回到僅能繞著妻小打轉的另一半；哪裡能找到一個前不久才在職場上橫眉冷對千夫指，婚後就只能甘為孺子牛的另一半。考上外交官也許是她生命中最為自信、美妙的一刻，若認定個人的婚姻問題亦將水到渠成，唯一的可能就是她在自欺欺人。

我不確定自己能否恰如其分地扮演好一位真命天子。年過三十後的迷惘，畢竟已無法單靠酒精令其揮發，所幸這種模糊不清的感受並非一無是處，至少興起了當初我對妻子即將外派地點的好奇。挪威號稱兩性平權的模範生，我倒想看看在女強人環伺下，她們的男人有何三頭六臂。好奇心經常

⸙ **2009** 年 **1** 月，那是挪威首都奧斯陸十年來最冷冽的寒冬，在妻子旋即投入工作之際，我獨自一人鎮日在城裡遊走，希望盡快找到一間適合我們棲身的落腳處。

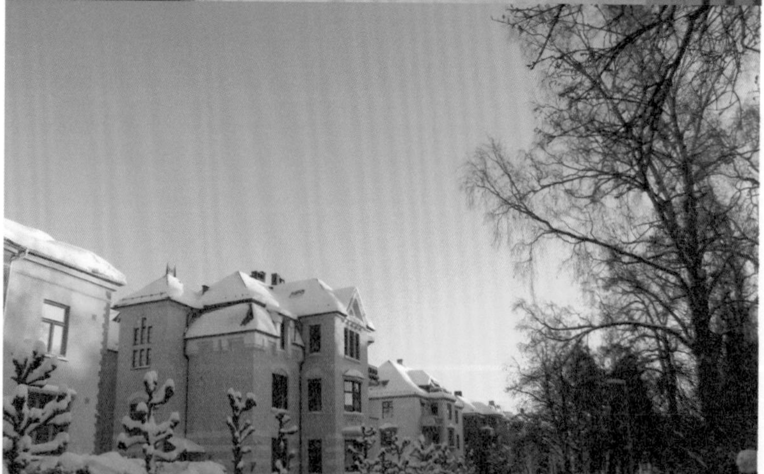

與勇氣發生共鳴，雖然它殺死了貓，但也成功幫助富蘭克林抓到天上的電。

二○○九年一月，那是挪威首都奧斯陸近十年來最冷冽的寒冬，迎接我們的是接近攝氏零下二十度的低溫。身為「外交人員眷屬」（這是我最新得到的一種「身分」或者「稱謂」），就是在她旋即投入工作之際，獨自一人鎮日在城裡遊走，彷彿瞎子摸象般，踩著厚度足以掩至腳踝的冰雪，希望盡快找到一間適合我們棲身的落腳處。

那天，我和房東有約，他的公寓就距離我太太上班地點不遠處。初來乍到，我根本搞不清楚東西南北，在受大雪覆蓋的巷道內不斷兜圈子打轉，錯過了約定時間，另有他人捷足先登，最後只好悻悻然割愛。返回公車站牌的路上，我抬頭望見一排白色建築，散發著維多利亞風格的氣味，但還不夠古典，頂著青綠色的屋頂，下層開放空間則是現代感十足的服飾商店街，建築物的入口是一面對開式大門，格局中規中矩，卻稱不上氣派。

我原來是站在挪威外交部前，光就建築本身，很難讓人提得起勁一窺究竟，但有一點倒是相當引人入勝。一九九五年，也就是中華民國外交部取消女性報考名額限制的前一年，挪威駐外大使的女性比例也只占了百分之八點五，之後在有計畫地提升國內女權下，到了二〇〇九年，挪威女大使的比例已提升到百分之三十，他們信誓旦旦，下階段目標將朝百分之四十邁進。

婦女享有投票權是各國女權運動重要的里程碑，這遙遠的王國早在十九世紀末期就證明了自己思想先進；近年在女性解放方面，似乎有種更為驚人的野心。但難道那百分之四十的女大使，從進入挪威外交部的一刻，都不曾面臨婚姻的困境？若加計其餘女性外交人員，挪威外交部應該已達到女人撐起半邊天的境界，她們的另一半難道都如此甘之如飴？女人逐漸成為權力的主導者，她們男人的面子到底能往哪擺？它是我踏上挪威後橫亙在前的謎團，卻適時幫助我延長了婚後自我定位的作答時間，並寄望於後見之明，去檢測今天所做的決定。

---

*1：民國九十九年人事行政局針對行政院所屬各機關女性主管比例統計。

Ch.2

前衛兩性觀的震撼

瀰漫在挪威社會的一夜情風潮，對習於父權至上，成天幻想著三妻四妾且不必負責的男人來說，也許會以為那裡是專門為男人打造的天堂，但相信我，各位男性朋友，你絕不會希望看到這一天。

2.1

最完美的丈夫

「『世界上最棒的丈夫』對挪威人來說實在不成個話題，我們不過是期待另一半做好他份內的事而已。」「就這麼簡單，一切僅是順其自然。」

※ ＊ ✱ ❖ ✲ ✳ ✷

偉大的挪威小說家哈姆生（Knut Hamsun）不斷提醒我們：「女人的天職就是回歸家庭主婦。」挪威人十分懷疑，這位曾在一九二〇年獲得諾貝爾文學獎的現代主義大師，晚年應該是腦袋不清，或者患了某方面的精神疾病。二次大戰期間，他對納粹興起了一股莫名崇拜，非常希望自己的國家能有著和德國一樣的陽剛味，於是主張女人最好待在家裡，千萬別幻想插手男人的事。

哈姆生中年梅開二度，和一名劇場女演員交往，求婚時一再央求對方婚後放棄舞台生活，最好天天在家相夫教子，他認為這樣才符合挪威女性傳統的美德。挪威社會雖然十分肯定哈姆生的歷史地位，但向來只侷限在他的文學成就，那種因個人政治信仰而來的「沙豬式」兩性觀，挪威人始終是反其道而行。幸好哈姆生已於一九五二年駕鶴西歸，否則今天斯堪地納維亞半島「男不男、女不女」的世界，可能真會讓他發狂。

七〇年代於歐陸發跡的女性主義風潮，一路吹往北歐，簡直比墨西哥灣流的影響還要深遠，它成功創造出現代挪威男人的形象。性格天真的維京後代對當時兩性平權的內容幾乎照單全收。女性主義者尤其大肆鼓吹「父親必須共同負起照顧小孩的責任」，並且宣稱唯有男人心甘情願分擔家務，男女之間才有辦法真正平起平坐。此地完全不假思索，悉皆奉行。

這解釋了為什麼我一踏進挪威這個國家，街上到處都是穿著時髦，手推嬰兒車的年輕爸爸，儘管手臂上正好露出一道華麗的刺青，他們並不介意乳臭未乾的兒子損及個人粗獷的形象；秋冬之交，挪威父親則會牽著剛學步的小孩，在公園裡故意踩過成堆泛黃的落葉，為聯手製造出的「沙沙」聲樂不可支；或者傍晚受邀到當地人家中作客，按下電鈴，開門撞見的會是老爸正在廚房和女兒一起研究如何烤蛋糕。

保守主義人士向來懷疑，男人若不好好扮演傳統大男人的角色，女人不好好扮演傳統小女人的角色，會導致家庭功能失衡，甚至引發人類社會的危機。把男人打造成女人的化身，實在是沒道理也沒意義。但挪威男人似乎不太吃這一套，除了懷胎十月和哺育母乳之外，他們似乎也想證明料理小孩的瑣事並非媽媽的專利。

不光是掃地、洗碗、修屋頂、通馬桶、整理花園這些粗活，他們更樂於把時間花在和子女一起看卡通或者是欣賞足球比賽，同時非常自動自發，下了班先上超級市場撿菜挑蔥再回家做飯，之後替小孩洗澡、換尿布、讀床前故事，分享親子間的內心話……諸如此類娘娘腔的行為，挪威男人早已駕輕就熟，而且看來並非心血來潮偶一為之。家家戶戶如此，簡直是在搞「集體性別自殺」。

新一代挪威男人和老一輩挪威男人對於性別角色扮演存有些許差異。

我們長期處在一個以經濟能力決定權力大小的社會，父親往往是家中經濟的支柱，因此毫無疑義地就該具有支配全家的本事，父親的形象成了男子氣概的根苗，很多小男生從懂事的那一天起就已被教導遲早要當家作主。高高在上的父親，偶爾為小孩做頓晚餐、換尿布、教兒子綁鞋帶、在女兒頭髮上別蝴蝶結、哄騙他們上床睡覺，便足夠一旁的家庭主婦感激涕零。假如不幸讓她們瞧見挪威男人窩在家裡那副任勞任怨的德性，很可能只會引來一場家庭戰爭。

經常透過民意調查檢視時代變遷的英國牛津大學也注意到這類現象，於是特別挑出了十二個（*1）以平等社會著稱的國家，從中分析哪一國的男人有資格被冠以「世界上最完美的丈夫」頭銜，二〇一〇年便由挪威奪冠，最差勁的丈夫則產自澳洲。

牛津大學訪查了一萬三千名，年齡介於二十到四十五歲的男人和女人，評量的標準正是「妳家的男人是否樂於幫忙家務」，包括洗衣、做飯和洗碗這些傳統「女人家的事」。

挪威男人由於花了最多心思在家庭瑣事上，獲選為世界上最完美的丈夫，

不少挪威男人喜歡在手臂上刺青，以顯帥氣。

父親帶著兒子逛展覽。（右為父親、左為叔叔）

他們一個個心滿意足地在報上現身說法：住在奧斯陸的瑪莉特非常驕傲自己的先生在她懷孕期間，幾乎包辦了所有家務，且兼而顧之他們另一個才一歲多的寶寶，好讓她可以無後顧之憂地享受懷孕的喜悅。第二胎出生後，勢必有更多的事情要忙，她相信孩子的爹屆時也將樂於分攤把屎把尿的工作。

瑪莉特的信心來源，當然是來自他先生賴弗的自知之明。「和妻子一起料理家務本來就是天經地義的事啊！」賴弗說這句話時，態度宛如是在告訴大家：「聽好，太陽就是從東邊升起。」難怪瑪莉特老神在在。這對中產階級雙薪夫婦，一如現代挪威的標準家庭，他們視男人下班回家後立刻投入家務為渾然天成，一點也不彆扭做作。

《洋甘菊》（*Kamille*）是挪威最暢銷的女性雜誌，他們的編輯羅芙泰絲女士覺得牛津大學的調查不過是錦上添花。「『世界上最完美的丈夫』對挪威人來說實在不成個話題，我們不過是期待另一半做好他份內的事而已。」她說，「就這麼簡單，一切僅是順其自然。」

挪威男人自然是虛心領受這份殊榮，但他們也得澄清：「我們可不會把家務全攬到自己身上，而是一半、一半，滿公平的。」或許他們確實無意為了妻小成天做牛做馬，純粹是基於公平原則，即使如此，十多年前的挪威也不太可能出現這種景象，挪威老男人們對眼前的改變就很不以為然。早已被教育成和男人並無二致的挪威女人則非常有氣魄，預言要不了多久，全歐洲都將競相模仿挪威式的夫妻生活。

牛津大學的調查還提供了另一面向的觀察，挪威無論男人、女人，在挑選另一半時，都很在乎對方是否樂於分擔家務。受訪對象皆深信不疑，唯有男女雙方把家事當做共同的責任，結婚的人才可能比單身的人容易感到快樂。

而且家事就是家事，沒有「男人的家事」和「女人的家事」之分。有別於保守主義者「大男人、小女人」的歸類，挪威男人並不在乎古老文明對於男子氣概的定義，反而十分樂於出生在一個就差沒把圍裙套在身上的年代；在同居風氣日盛的挪威社會，這種責任分工的方式也一體適用。牛津大學同時也把具有濃厚「大男人」色彩的日本丈夫列入對照，訪查結果以我們的刻板印象收場，評價敬陪末座。如果挪威男人蛻變後的作為，稱得

⑊ 秋冬之交，挪威父親會和剛學步的小孩在公園裡故意踩過成堆泛黃的落葉，為聯手製造出的「沙沙」聲樂不可支。

⑊ 挪威傳統農場男人的形象。

上是一種改良、進化過的文明，日本男人家父長制的風格，幾乎可以稱得上是百年古跡。

哈姆生的頑固，從希特勒死後，他立刻向報紙投書替這位世紀狂人撰寫悼文便可看出，他嗚呼哀哉：「是這個野蠻的時代葬送了希特勒。」稍微受過點教育的挪威人，都會認定哈姆生的行為已經超脫理智。過了半世紀，其後代子孫榮登「世界上最完美的丈夫」，在這位滿腦子沙文主義的天才作家眼裡，可能也是莫大的荒謬。

*1：瑞典、挪威、英國、美國、北愛爾蘭、荷蘭、愛爾蘭、西班牙、紐西蘭、德國、奧地利、澳洲等十二國，亞洲另外選取日本為比較對象。

《洋甘菊》是挪威最暢銷的女性雜誌。

偉大的挪威小說家哈姆生提醒我們：「女人的天職就是回歸家庭主婦。」

2-2

女人味

我曾在一名當地女士面前表現我的紳士風範，結果反遭其白眼，「在挪威，你們男人實在不必這麼多事。」這句話是我替她掛起大衣後獲得的唯一報償……

❋ ✳ ✱ ❖ ✲ ✴ ✷

挪威女人肌理豐盈、珠圓玉潤，不僅擁有健康白皙的臉孔，牙齒還都長得非常整齊。但她們卻甘於糟蹋代代相傳、香火賡續的完美基因，總是邋裡邋遢，坐沒坐相，隨時可以脫下長靴，當眾展示腳跟處破個大洞的毛襪，球鞋內裡脫線不堪使用仍照穿不誤，比瑞典女性主義者鼓吹的不刮腋毛、不穿胸罩還要解放。

美麗、端莊、秀外慧中、蕙質蘭心，並非只是針對東方女人的魔咒，維多利亞時代的歐洲女人也曾積極回應這種社會需求，以便達到女人該有的完美形象。男人當然是始作俑者，女人之間也以此互相鼓勵，幾世紀以來雙方皆樂此不疲。儘管根據上帝創造人類的神話，讓男人口水直流的，到頭來其實只是一根肋骨。

十九世紀英國兩性權威作家桑芙德夫人（Mrs. Sandford）當年大膽界定女人正是一種天生依賴型的生物，生活上必須仰仗一位能夠提供她們安全感的男人。在經濟領域中全無一席之地，即便是中產階級婦女，也必然歸屬於「家庭」，美其名是女主人，實際上卻是丈夫的財產（中世紀的歐洲的確還真有買賣妻子的傳統）。女人努力維持所謂的「完美形象」，為的就是要滿足依賴型生物必須具備的條件，好吸引男人目光，在物競天擇下成為眾女人中的佼佼者，避免遭時局淘汰。就算這種觀點早被列入骨董級的論調，我們也無法保證今天已完全擺脫它的糾纏。

生於二十世紀之後的挪威女人若聽到這類說詞，非常有可能打從心底以為桑芙德夫人是在鬼扯。「女為悅己者容」早不復存在，女人的傳統形象失去了約束力，再也沒有專屬於女人合宜的行為舉止，取而代之就是粗枝大葉的男人婆，她們不靠纖弱的外表散發魅人誘惑，相反的是以一種彷彿從男人身上移植過來的直率當做新女性的標籤。挪威女人男性化，較之男人女性化有過之而無不及，她們唯一還辦不到的，大概就只剩下站著上廁所。

我相信挪威女人這方面的變化，可以導因於挪威的幼稚園教育。當地幼稚園非常熱衷於戶外教學，冬天除非室外溫度低於零下十度，否則儘管天寒地凍，他們絕不樂見一群小蘿蔔頭成天躲在教室裡，甚至有一週五天都安排在室外上課的學程設計。穿著螢光背心的小男生、小女生經常被老師們帶往森林野外，模仿原始人的生活，雖然絕大多數時間都花在毫無壓力的玩耍和娛樂，但環境是最有力的導師，對於形塑男孩、女孩成年後的個性，確實功不可沒。

二十世紀初時興的大男人論調之一，就是要求男孩們盡早取得野外求生

挪威女孩從小就習慣穿著髒兮兮的連身防寒衣和沾滿泥巴的雨鞋，強悍地表現出她們完全不亞於男孩們的自信。

挪威女孩從小就和男生一樣喜歡爬上爬下。

經驗，唯有前不著村、後不著店的叢林，才是真正訓練一名男子漢的最佳場所，舉凡溪邊挑水、釣魚，林內砍柴、生火，辨識可食、不可食的蘑菇、野莓，依靠天象在千變萬化的山間找出回家的路，同時熟悉腳下奇形怪狀的石頭，和耳際五花八門的蟲鳴鳥叫，男子氣概即可從中應運而生，那不僅可以協助男孩蛻變成男人，說不定還可打造出一名勇士。

生長於挪威的女孩們，類似的經驗也非常豐富。嚴冬中她們會被丟在戶外溜滑梯、盪鞦韆；被教導在冰寒交錯的高山峻嶺，踏著雪橇往山谷俯衝；偶爾也得趁著日落之前，經歷一場又一場森林的洗禮，如同做勞作一般，學會折取枝葉、削木頭等等就地取材的技能，和大自然共存，穿著髒兮兮的連身防寒衣和沾滿泥巴的雨鞋，強悍地表現出她們完全不亞於男孩們的自信。要在一間幼稚園裡，發現一名被媽媽打扮成粉紅色芭比娃娃的小女生，極為不易。

桑芙德夫人另外還發現女人最大的毛病，就是太過習於讓男人代勞，反而讓自己陷入被寵壞的危機。在森林裡和男人一起長大的挪威女人，應該已有資格宣布危機解除。如果挪威教育所期待的，是女生長大後也和男生一樣具備受人信賴的獨立特質，女孩們又怎麼會渴望出現一位逛街時替她提包包、用餐前替她拉椅子、上車前為她開車門的白馬王子。

我曾為了在一名當地女士面前表現我的紳士風範，結果反遭其白眼，「在挪威，你們男人實在不必這麼多事。」這句話是我替她掛起大衣後所獲得的唯一報償。另外我還曾在造訪挪威鄉間的一座農場時，親眼目睹一名氣質高雅的挪威女人，高高抬起一腳，撐抵住木門，兩手奮力一拉，用力地打開年久失修的儲物用冰櫃；那回我從頭到尾皆袖手旁觀，而她完全不以為意。高尚的紳士，就該懂得替女士服務的金科玉律，已然在挪威冰消瓦解。

挪威女人幾乎被洗刷掉了傳統女性溫柔婉約的特質，專家研判挪威外籍新娘的比例愈來愈高和這有連帶關係。全國談話性節目為此熱烈討論新時代的挪威女人是否有必要重拾淑女形象，好贏回挪威男人的心，結果不了了之，成了笑談。她們不僅社會地位和男人並駕齊驅，體能也不相上下；付出的代價，就是不再具備嬌滴滴惹人憐愛的模樣，可惜了那曼妙的身材和金髮碧眼。一個個越俎代庖了男性的粗活，徹底違逆了桑芙德夫人對女人「依賴者」的形容，她們甚至還把男人當成同類的競爭對手，而非傳統觀念下的保護者，真是有悖天理。

假若不諳挪威女人的習性，很可能會給自己惹來不必要的麻煩。有位腦袋裝著傳統女性思維的台灣女孩，那年有幸遊歷挪威，幾名女伴相約到森林裡健行，於是她脫口而出：「這類充滿冒險性的活動，如果有男伴同行，或許會更安全一點。」強悍的挪威女孩立刻加以訓斥：「妳們東方女孩子怎麼盡是這些想法？為什麼我們需要男孩子保護？為什麼妳們總覺得很多事情只有男人可做，而女人卻不可以？」我們總以為世界各地無論哪一國女人，都無法抗拒備受呵護照顧的滋味，這位挪威女孩則是當場為我們親愛的女性同胞上了堂機會教育：「記好，我們挪威女人可不是這樣想。」

挪威社會長期和伊斯蘭國家政府不睦，奧斯陸大學學生會曾製作一張仿照好萊塢電影規格的海報，將伊朗神權領袖何梅尼和希特勒、史達林、金正日等獨裁者並列，海報中挪威學生身穿學士帽、大學服，一副打擊惡勢力的姿態，強烈對比正抱頭鼠竄的獨裁者們。這張海報受到來自伊朗駐挪威大使館的強烈抗議，奧斯陸大學學生寸土不讓，強調他們不過是本於良

挪威女人的傳統服飾。

挪威小女生從小體育表現就不輸男孩子。

知，勇於揭露那些獨裁者迫害人權的罪行而已。

我想，真正惹惱伊朗大使的，應該是海報中扮演正義化身的主角，並非孔武有力的挪威男人，而是個長髮披肩的挪威女大學生。

奧斯陸大學生製作的海報，打擊惡勢力的主角是名女學生。

挪威女還經常不顧形象當街搞怪。

2-3

一夜情

這是個惜字如金，陰鬱孤僻的民族，不過卻很懂得享受恣情縱慾，居然有高達百分之七十二的挪威人承認自己有過一夜情史。

❈ ✳ ✱ ❖ ✲ ✳ ✷

當地網路新聞論壇硝煙彈雨，唇槍舌戰的焦點是「挪威女人難道都這麼淫穢？」充滿性別歧視的標題，足已構成對女權主義者宣戰的條件。「只有男人可以拈花惹草，到處風流快活，女人家必須守身如玉，『性』的出發點純為傳宗接代，去他的身體自主權！」掀開這道命題的真面目，大概就長這副模樣。

北歐常開許多風氣之先，尤其前衛的性觀念已成為醒目的標記。保險套第一品牌杜蕾斯公司（Durex）曾發動跨國大調查，訪問二十二個國家共五萬名男女，以了解他們是否有過一夜情經驗，北歐五國挪威、瑞典、芬蘭、丹麥、冰島全擠入前十名；挪威且一馬當先，拔得頭籌，登上第一位。

這是個惜字如金、陰鬱孤僻的民族，不過卻很懂得享受恣情縱慾，受訪者中有高達百分之七十二的挪威人擁有一夜情史，遠高於百分之四十七的整體平均值。巫山雲雨有時候發生在單身公寓或者分租的學生宿舍，有時候乾脆就在餐廳的洗手間裡大搞男歡女愛。二十世紀中，丹麥率先全面開放色情書刊、電影，同時廢除《刑法》猥褻罪，被封為情色王國，但在一夜情的較量上亦是瞠乎挪威之後。

這項調查挑起了各方激辯，女性的貞操居然成為箭靶，有人把發生一夜情的高比例歸咎於挪威女人放浪形骸的性行為模式，不過也有人提醒大家：「一夜情氾濫成災，根本是肇因於男人豬哥本色。」英國人調侃挪威人的休閒活動看來都耗在床笫之間，我則懷疑你來我往的文字攻防，挪威人自己並未加入戰局。

挪威國家廣播電視台（NRK）二〇一〇年推出第一季《Trekant》（直譯為：三角形）性教育節目，拋開「生命的起源」此等避重就輕的陳腔濫調，全力直搗黃龍，以真人實境探索青少年性衝動的感官世界。播出後佳評如潮，隔年第二季變本加厲，找來一名白人男孩、非洲裔女孩和一位同志共同主持，其中一個單元專門教授女性如何藉由自慰達到性高潮。非但摒棄了性和傳宗接代之間的任何關連，還把焦點鎖定在情趣用品的效果、延遲射精的技巧、蝕骨銷魂的愛撫以及和男同志熱吻的經驗等令人臉紅心跳的話題，完全不見解釋精子、卵子、胚胎、分娩這類道貌岸然的健康教育。

視性開放為地球末日元凶的一群人，幾世紀以來持續發出警告，一旦性行為獨立於傳宗接代之外，將導致無所謂的濫交、來者不拒，甚至成為男人朝三暮四、規避家庭責任的幫凶，導致家庭觀念變薄，社會體系為之潰散，《Trekant》所提供的性教育內容，對他們來說就是不折不扣的倒行逆施。

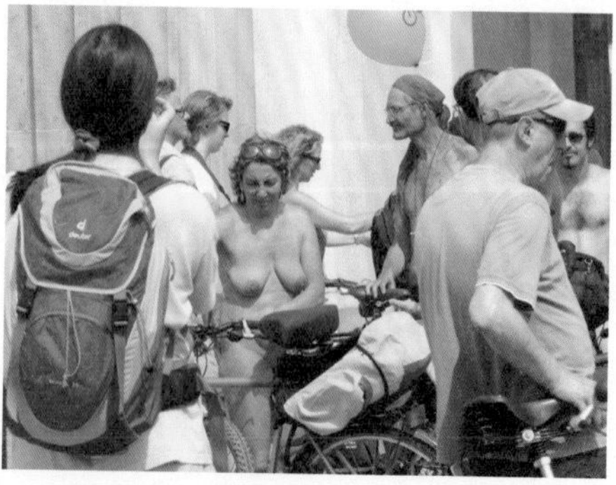

歐洲社會經常舉辦象徵人體解放的前衛活動，讓東方社會望塵莫及。

如此前衛的遊樂設施，挪威人見怪不怪。

《Trekant》不僅請來專家，公開在電視上示範女孩子如何靠自己的雙手自慰，還對女性生殖器官給予一刀未剪的特寫鏡頭，大膽的作風，之於衛道之人幾乎已和邪惡撒旦相去不遠。節目播出後，挪威人起初也沒把握採用真人演出的性教育節目，是否已逼近開放社會的底線，當地媒體《每日雜誌》（*Dagbladet*）隨即進行民意調查，統計結果出爐，出人意外有百分之六十一的挪威人認為《Trekant》所教授的性知識值得肯定，果然不負斯堪地納維亞「性福」國家盛名。節目中不斷在一旁給予技術指導的美國性學專家貝蒂．道森（Betty Dodson），當然是有效確保內容品質的關鍵。

挪威人性開放的程度可見一斑，它不光是尺度大小的問題，性教育取材背後，反映的是挪威當代的性愛觀念，在性自主權大旗之下，有「性」無「愛」並非罪惡，還可以是一門探索身體奧祕的科學，符合了自由派女性主義者的道德標準，相信唯有如此才能徹底擺脫女人遭物化、壓迫的宿命，因此女人當然也有權藉由一夜春宵，以滿足人類情慾掛帥的生理需求。於是，對挪威人來說，一夜情氾濫究竟是「女人淫穢」還是「男人好色」，皆古老偏見的產物，不值一駁。

杜蕾斯公司的調查報告發現，很少有挪威人會在和對方第一次約會時，甘願只以接吻收場，桑中幽會、輕解羅衫、草率結合，最好都發生在同一個晚上，絕不拖泥帶水，縱使許多人從此墜入情網，誰也不敢保證之後不會再有接二連三的新戀情。

挪威作家易卜生（Henrik Johan Ibsen, **1828～1906**）的小說對人性刻劃入微，在他膾炙人口的作品《玩偶之家》裡，女主角蘿拉的丈夫，總愛暱稱自己的妻子是「小松鼠」「小雲雀」，易卜生其實是在暗喻舊社會的男人，竟然得藉由女人的示弱獲得滿足。稱職的女人，應該對男人表示服從，最好像個小孩子，時時刻刻表現出自己需要男人的指點和保護，包括性愛方面的態度。上世紀諸如此類的兩性觀的確讓人聽來非常刺耳，女人性自主早就不是天方夜譚，不過，出了挪威，假若《Trekant》的內容在台灣原汁原味上演，我不確定是否大家的心臟都能承受得住，雖然我們也自詡為風氣開放的一代，恐怕也很難把七成男女皆有一夜情經驗的社會，視為人類高度文明的象徵。

在《如何了解及利用一名挪威人》這本充滿嘲諷卻又不失真實的書中，

古老挪威人被描述為總是喜歡離群索居，酷愛一個人住在山谷裡、湖泊邊、峽灣上，只願和十分親近的家人來往。遠古之前，甚至會選擇自己待在洞穴與世隔絕，他們不諳語言表達，若有意見要發表，通常寧可回到家裡說給自己聽。現代化後的挪威人則擅長把牢騷著作成書，或者寫下一封信，寄往當地報紙請其刊載，這確實是我所認識的典型挪威人，他們是談話性節目、上街遊行在當地始終不成氣候的主因。但挪威人酒後卻又是另一張臉孔。

杜蕾斯公司調查顯示七成以上的挪威人有一夜情經驗，並不表示挪威的街頭隨時都有男男女女相互搭訕，你（妳）必須走進酒吧，點杯啤酒，藉著三分醉意、半點微醺，尋找獵物或者宣告自己就是獵物，再趁著酒酣耳熱，各自帶走今晚情投意合的伴侶。如同歐洲其他城市的酒吧，遊戲規則之一是你（妳）若接受對方為你（妳）親點的一杯酒，即表示願與對方共度春宵。平常總與人保持距離的挪威人，此刻倒不介意有人主動投懷送抱，一旦黃湯下肚，靦腆、害羞全都拋諸腦後，劇情峰迴路轉，什麼話題都可侃侃而談；女人酒後膽量奇大，未讓男人專美於前；醉醺醺地在電車裡爬

挪威一夜情經常在 Pub 裡發生。

挪威男人酒後和平常靦腆、寡言的形象判若兩人。

上爬下也不足為奇，天雷頓時勾動地火的一夜情其實很多是發生在醜態百出的當下。狂歡後的週末夜隔天，你不難在路上撞見大清早便衣衫不整的男人、女人，一臉宿醉神情，從擺明就不是自家公寓的大門走出。

男人逢場作戲、一夜風流時有所聞，此地連女人也時興這一套，我想那會讓很多傳統大男人不知如何自處。社會學家很久以前就發現，男人一旦失去情慾的支配權，就會非常沒有安全感，深怕自己從此喪失男性魅力；當女人逐漸主宰了自己的身體，她們很快就會進一步主宰男人，就像男人過去主宰她們一樣。瀰漫在挪威社會的這股一夜情風潮，對習於父權至上，成天幻想著三妻四妾且不必負責的男人來說，也許會以為那是專門為男人打造的天堂。但相信我，各位男性朋友，你絕不會希望看到這一天。

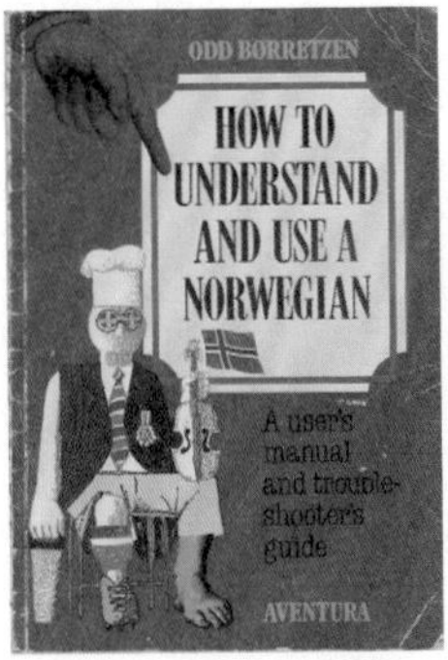

《如何了解及利用一名挪威人》一書。

2-4

妳為什麼對結婚這麼癡迷？

進入二十一世紀，由一對男女所組成的挪威家庭，長期有四分之一的比例是處於同居狀態，所謂「家庭」，其實是屬於兩個獨立個體共同經營的「聯合家庭」。

「妳為什麼對結婚這麼癡迷？」

別以為只有男人會講出這種負心話，那是一名挪威女孩在聊天網站上提出的疑惑，她分析女人渴望結婚的理由，無非是期待藉著傳統家庭結構，讓自己成為丈夫的核心，好取得安全感，偏偏這只是一廂情願，男人從來沒把婚姻當成對自己太太忠誠的令牌，雖然他會對外宣稱妳是他兒女的母親，眼光卻仍經常遊走在其他女人身上。最後，這女孩像是傳教士般，呼籲巴望能在挪威找到如意郎君的亞洲朋友：「醒醒吧，婚姻已成為過去式。」

挪威人務實理智，但也不缺古老迷信，比方說切蛋糕的時候，務必把切下來的蛋糕安安穩穩放到盤子上，如果過程中蛋糕不小心倒下，你可能一輩子都結不了婚。如今它到底還能嚇唬得了誰？

一夫一妻制的婚姻關係看起來是為了約束男人不得出軌，結果絕大多數情況下，其實是助長了大男人的氣燄。丈夫向來以一家之主的角色，領導家庭，控制妻小，婚姻好像專為訓練男人如何支配女人。假如能顛覆這套遊戲規則，也許有機會導正女人和男人之間不對等的地位，並且開創女性獨立自主的空間。女權主義者一開始即有意以「同居」做實驗，只是沒想到它在挪威竟成了婚姻的替代品，挪威女人今天可能比男人更不在乎結婚證書那紙用以證明雙方關係的契約。

進入二十一世紀，由一對男女所組成的挪威家庭，長期有四分之一的比例是處於同居狀態，光是合法登記註冊的同居者就有五十三萬對（挪威總人口數為五百萬人），儘管他們之後有了共同的子女，多數人依舊選擇維持現狀，絕不輕易走進教堂。一九七七年，挪威登記同居家庭的比例僅有百分之五，之後一路突飛猛進，蔚為風潮。挪威人自己也很好奇左鄰右舍家庭的變化，有份專門研究挪威婚姻關係的論文發現：「唯有同時考慮愛情和金錢，一對同居中的挪威男女才可能選擇結婚。」言下之意，維繫同居者之間的關係唯「愛」是從。不過，至少在二次大戰期間，它仍是違法行為。

歐洲地區於一九四五年五月結束戰爭，許多挪威人趕在當下辦理結婚，結果不到七個月就有嬰兒呱呱落地。那是個還受「奉子成婚」約束的年代，挪威戰後嬰兒潮，每十名新生兒中就有四人促成了父母親的姻緣，少了教堂或者國家認證的婚姻，當年孤男寡女住在一起就是犯罪，遑論生子。

挪威今天有百分之二十五的同居者，五成以上的非婚生子女，這一切都要歸功挪威工黨不畏人言，率先提案廢除同居違法的條文；直到一九七二

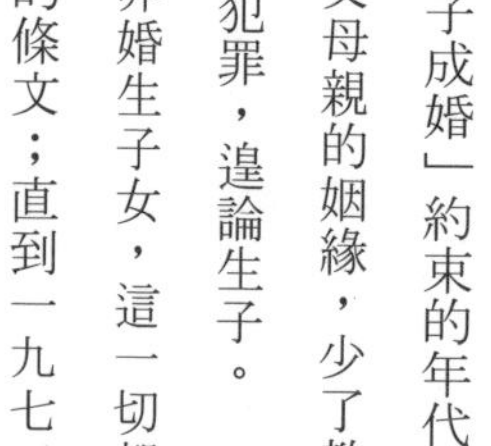

挪威今天有百分之二十五的同居者，五成以上的非婚生子女。

⦥ 進入二十一世紀，由一對男女所組成的挪威家庭，長期有四分之一的比例是處於同居狀態。

⦥ 不知是不是選擇結婚的情侶太少，挪威的婚紗店顯得十分低調簡單。

年，同居終於在挪威正式取得合法地位，起步雖比瑞典稍晚，跑得卻比瑞典還快。挪威「同居」的本質幾乎已與結婚無異，當年工黨的理想，就是為了打造挪威成為一個無性別歧視的社會主義國家，因此「同居」在這個國家的歷史傳統中，顯然並非只是逃避婚姻、便宜行事，而是有意讓它成為平等主義國家的養分。

挪威的家庭政策，不斷反映當下變化多端的兩性世界，總希望能以務實的態度，去解決日益複雜的兩性問題。尤其在離婚和分居充斥的社會裡，穩定的同居關係，也許反而有助於家庭和諧，雖然彼此不光是住在一起，也得分攤權利和義務，挪威人倒也沒打算完全抹去同居和已婚夫婦之間的差異。

除了不具備對方的財產繼承權外，同居者必須共同生活滿兩年以上，才可享有一般夫妻的法定權益，包括社會福利津貼、育兒補助、養老金以及較為划算的家庭稅收計算公式。同居伴侶之間的經濟關係，是以不干預為主要原則，避免了「你的就是我的」可能帶來的任何爭執，所謂的「家庭」其實是屬於兩個獨立個體共同經營的「聯合家庭」。

男女同居早已不是驚世駭俗之事，甚至被賦予鞏固愛情的魔力，挪威兩性專家卻發現，先同居而後結婚者，離婚率竟然比婚前未曾同居過的夫妻還要高；「同居試婚」的論點不攻自破，如果期待白頭偕老，還不如一開始就結婚的好。

同居現象日益普遍，許多學者專家也不得不介入關心，根據挪威衛生機構調查，雖然挪威同居伴侶和一般夫妻的身心狀態無異，卻比較容易出現酗酒或者憂鬱的毛病。原因在於兩人一旦結為夫妻，將對共同的未來產生更多期待，它能有效抑制個人不負責任的失控行為，這是同居者較為欠缺的感受；英國人的調查言猶在耳，同居家庭的兒童遭到虐待的比例是正常婚姻家庭的三十三倍，聽來是要呼籲大家盡早懸崖勒馬，終究這些「道德重整委員會」陣營想傳達的，無非「婚姻」才是完美家庭的基石。

問題是挪威同居者結婚而後又離婚的主因，和愛情熱度急速冷卻無關，而是婚後雙方都意識到「自由」的相對剝奪感實在太強，男女兩方都受不了婚後綁手綁腳的生活，乾脆分道揚鑣。上述那些統計結果完全沒有達到鼓勵結婚的效果，反而有愈來愈多人寧可長期維持眼前的同居生活；一開始就打定主意同居者，更不會因為女方懷孕而升起結婚的念頭，儘管「奉子成婚」也曾經左右挪威的男女關係。

奉勸各位千萬別在挪威女人面前賣弄「結婚才是正路」的調查結果，那只會加深他們對男性壓迫的反感，如果太過強調婚姻才是健康生活的泉源，她們會懷疑你純粹是想藉由宣傳婚姻的好處，讓男人繼續領導家庭，同時領導她們。女人對於同居與否是不是也有同等的發言權，此地無庸置疑。同居不再是男人拖延結婚的藉口，現代化後的挪威女人，比誰都更珍惜無拘無束的美好時光。

挪威父母經常教育子女別老待在家裡，最好盡可能出去交朋友，成年後週末假日偶爾和狐群狗黨喝得爛醉如泥也無妨。因為衛生單位一再警告，孤獨並不適合北歐國家的人民，那只會引發不必要的沮喪；人人都需要伴侶，於是「同居」便成了一種既能擁有伴侶，又能省去婚姻負擔的最佳兩性共處模式。令人毛骨悚然的是，究竟要不要結束同居關係，一起步入禮堂共築愛巢，在挪威，今天你得看女人的臉色。

挪威女人不再視婚姻為人生最重要的歸宿。

2-5 Yours, Mine and Ours.

店裡走進一家三口，妻子腹部微凸，丈夫牽個小男生，那位看似賢妻良母的媽媽，其實是半年前在遊輪上和其他男人發生一夜情才搞大肚子，但她先生寬大為懷，已準備一起迎接意外闖入的新成員……

女權主義高漲的社會特色，就是男人不再渾身上下充滿陽剛之氣，女人也開始放棄傳統嬌弱的姿態，不僅穿著打扮有時讓人分不清楚是男是女，彼此行為還都有朝中性發展的趨勢。保守的兩性專家嚴正警告，這種改變

這位打扮花俏的男子剛剛新婚。

將造成人類道德水準江河日下；對挪威人來說，專家的發言不過是危言聳聽。

我曾向卡蜜拉學過幾堂挪威文課，北歐語饒舌的發音很快就讓我打退堂鼓，最後一次見到她是在二〇一一年聖誕節前夕，她準備返鄉過節，臨行前我們終於有機會進一步認識對方。這位開朗的北歐女孩，外形粗枝大葉，看似漫不經心，卻頗為機伶，自稱出生於挪威的典型家庭，因為她有「一名同父異母的弟弟，和一名同母異父的妹妹」。以她輕描淡寫、若無其事的口吻，我相信當她說那是「挪威的典型家庭」，並不是在開我玩笑。直到現在，我對他們一家如何享用聖誕夜的團圓大餐仍深感好奇。

美國女作家海倫．比爾茲利（Helen Beardsley）曾在一九六五年把個人傳奇的家庭故事撰寫成書，造成轟動。她和第二任丈夫共同撫養了二十名子女，其中半數屬於她和前夫所生，半數屬於她的丈夫和前妻所生，只有最小的兩名兒女來自她倆夫婦的結晶。她的決定在保守的年代堪稱一大壯舉，三年後，海倫．比爾茲利的故事登上大銀幕，我們或許再也找不出比《雙喜滿堂》（*Yours, Mine and Ours.*）更貼切的片名。二〇〇五年老片新拍（*1），同時也在挪威上映，挪威人發現，原來「你的、我的、我們的」的家庭組合，也很適合套用在他們自己身上。

至於兩性專家所說的道德水準下降，和海倫．比爾茲利應該無關，畢竟她的經歷是一段關於鰥夫、寡婦的愛情故事，本質上依舊沒有脫離傳統家庭的核心價值，有一名稱職的父親、一名堅毅的母親，以及無盡的愛和包容，二十名子女就是見證。只不過挪威式的「你的、我的、我們的」，便不全然是這麼回事了。

卡蜜拉的父母皆還健在，她弟妹各自的母親、父親今天也仍都安然無恙，爸媽純粹因為感情失和，才會另結新歡，希圖他處開花結果。海倫．比爾茲利的前夫死於戰場，當她決定帶著大串子女和另個男人步入禮堂時，內心會飽受掙扎；致使她一度裹足不前的障礙，當然是在傳統家庭制度下，擔心有違保守的社會觀感。場景移至不存在「繼父」「繼母」概念的挪威社會，一切便不成問題，卡蜜拉可以很自在地跟自己的父母以及僅有一半血緣的兄弟姊妹維持友善關係，她的父母和父母各自的伴侶，也因民情開放免去了彼此仇視的麻煩。

挪威人熱衷於個人的感情世界，遠勝過肩負傳統家庭的責任，以前這種心態可能只是男人的專利，如今挪威女人不合則去的瀟灑作風也十分普遍，梅開幾度任她高興，這是當地「你的、我的、我們的」出現機率頗高的原因。

心血來潮，我試圖以同樣的模式（所謂挪威的典型家庭），替卡蜜拉的每一位家庭成員，描繪縱向和橫向的延伸關係圖，結果真是自討苦吃，沒兩下就讓人暈頭轉向：「未來卡蜜拉第二任丈夫和其第一任妻子的兒子，和卡蜜拉的兄弟姊妹是什麼關係？」「卡蜜拉第一任先生，與其第二任妻子所生的女兒，又和卡蜜拉的父親是什麼關係？」或許那已超出各種語言中對於親人稱謂的定義，挪威社會雖然以小家庭居多，卻因「典型家庭」開枝散葉，族譜可能比四合院式的大家庭還要複雜。傳統家庭的概念還在，結構卻遭變形，當然不符保守主義者的道德水準。

奧斯陸臨海小島上有間名為「FLASKEBEKN BISTRO」的中餐館，往來老主顧絕大多數是島上居民，左鄰右舍對彼此家庭狀況皆略知一二，例如餐館樓下理髮廳風韻猶存的老闆娘，正和一位中年喪偶的老先生打得火熱，方圓百里幾乎人盡皆知。

那天店裡走進一家三口，妻子腹部微凸，丈夫牽個小男生，我和太太將羨慕的眼光投向眼前甜蜜的家庭。住在這座小島上的朋友私下透露，那位看似賢妻良母的媽媽，其實是半年前在遊輪上和其他男人發生一夜情才搞大肚子，但她先生寬大為懷，已準備一起迎接意外闖入的新成員。對傳統男尊女卑觀念甚濃的一代人來說，男女「中性化」造成道德水準低落，問題恐怕不僅出於父代母職，而是女人也開始仿照男人四處留下風流種，那才是危機所在。這種由女人帶頭的出軌演出，偶爾也助長了挪威社會「你的、我的、我們的」家庭出現。

挪威喜劇演員吉爾森和妻子離婚後，竟然愛上自己的丈母娘，挪威媒體大幅報導這對「忘年之愛」，報上照片中的吉爾森一絲不掛坐在浴缸裡，喜孜孜地享受由丈母娘替他刷背的樂趣，這位老岳母似乎也非常陶醉於這段鴛鴦戲水。無論男女、老少皆有對象不拘、自由戀愛的權力，挪威兩性平權至此，果真無以復加。

遙遠的挪威王國每年平均有兩萬三千多對新人步入禮堂，同時也有一萬多對夫妻選擇離婚，一萬一千多對怨偶訴請分居；一來一往，每年結合和

挪威社會雖然以小家庭居多，卻因「典型家庭」開枝散葉。

分開的男男女女兩相抵消，幾乎不分上下。好像無論如何都是值得恭喜之事，儘管分分合合的內容有時可能葷腥不忌，到頭來並沒有如保守主義者所預言，一旦不依照傳統觀念維持家庭的運轉，社會文明就會隨之崩潰，相反的，挪威在聯合國的評比中，居然還受封為高度穩定的社會。

依照我成長的背景，的確很難接受所謂「挪威式的典型家庭」，那幾乎等同於悲劇、背叛，以及日後一連串不幸的元凶。妻子在遊輪上紅杏出牆，結局十之八九不會有好下場；讓丈母娘替自己刷背，簡直是亂倫。「你的、我的、我們的」有時還嚴重涉及男人顏面問題，否則「戴綠帽」從何而來。此地卻雲淡風輕，見怪不怪，他們喜歡劇情峰迴路轉的犯罪小說，更勝水深火熱的愛情故事，或許正是社會氣氛使然；書中杜撰的男歡女愛，說不定都還沒有他們的現實人生來得精采。

*1：台灣片名為《親戚麥計較》。

2-6

進口婚姻

「妳說挪威男人是世界上最完美的老公，好吧，我不否認，但身為挪威太太，我們一樣會抱怨。」這就是挪威女人的調調……

「Gift」在英文中指的是禮物，挪威文裡也有同樣的單字，意思是「結婚」，但它還有另一層解釋，即「毒藥」。今天的挪威女人，絕不會輕易服下它，挪威男人乾脆向外發展，導致「進口婚姻」（import brides）在當地大行其道，有取之不盡的素材供電視台談話性節目發揮。

挪威女人自主意識強烈，比男人更害怕因為結婚而失去自我。任何試圖藉由婚姻關係鞏固男子氣概的挪威男人，已有自知之明，現代化後的挪威女性，早就不適合他們這些滿腦子傳統觀念的怪胎；幸好還可藉跨國尋芳另闢蹊徑，迎娶仍殘留「家庭第一」念頭的外籍新娘。

國境相接的俄羅斯和挪威之間，長年存在敏感的政經衝突，三天兩頭挪威政府就會發布空襲警報，要民眾提高警覺，因為俄羅斯軍機又一次逼近挪威領空。與此同時，勇敢的挪威男人則深入虎穴，頻頻對俄羅斯女人大獻殷勤；俄羅斯女人非常感激以不婚為傲的挪威女人，給了她們一個擺脫陰冷故鄉的絕佳機會。

俄羅斯婦女解放運動的成就雖然在二十世紀初傲視群倫，當地女人不但率先享有投票權，還可上法院訴請離婚，她們權力高漲的程度曾讓當時歐洲國家難望項背；但今天家裡仍多半是男人說了才算。嫁給挪威男人，竟意味著投奔自由，甚至還能提高個人在家鄉的地位。和挪威丈夫比翼雙飛，既可獲得更好的生活，且允許負擔較少的責任，妻子婚後仍保有完全

挪威異國婚姻相當普遍。

的自我，對俄羅斯女人來說十分難以想像，斯堪地納維亞的男人們則很輕易就能滿足她們也想當家作主的渴望。俄羅斯政府在高北地區（The High North）對著挪威軍民劍拔弩張，俄羅斯女人則在西塔（Hytte，挪威式度假木屋）裡和挪威丈夫愛得死去活來。

「你說挪威男人是世界上最完美的老公，好吧，我不否認，但身為挪威太太，我們一樣會抱怨。」這就是挪威女人的調調。《聖經》說：「女人要沉靜學道，一味的順服……因為先造的是亞當，後造的是夏娃；且不是亞當被引誘，乃是女人被引誘，陷在罪裡。」挪威女人根本不吃這套，對「毒藥」的誘惑完全無動於衷，結婚才是活受罪，迫使挪威男人改弦易轍，重新編寫羅曼史，藉由俄羅斯、東歐乃至東南亞的溫柔賢淑女人，重振男人雄風。

挪威研究機構深入訪查，除了將俄羅斯女人娶進家門，泰國女孩也頗得挪威男人青睞；首都奧斯陸六千五百多對挪、泰（泰國）聯姻中，絕大多數都為自己的異國戀情感到相當幸福。二〇〇七年，當地還因此出現了第一座泰國寺廟。泰國女人和挪威男人互為傾倒，並非誇大其辭。東西合璧

近年奧斯陸增加了許多間泰式按摩店。

外籍新娘在挪威很常見。

的家庭，前仆後繼大有人在。泰國航空公司曼谷直飛奧斯陸的航班二〇〇九年正式上路，確實更有助於催生千里姻緣。

可惜不幸之事仍時有所聞，從而證明挪威女人洞察機先的本事，有些挪威男人果然不值得託付終身。根據挪威異國婚姻的法律規定，假如雙方婚姻關係無法連續維持三年以上，妻子（絕大多數是女性）將被遣送回國。它誘發了挪威男人使壞的劣根性，一旦新鮮感退去，便以離婚為要脅，對妻子予取予求，比傳統大男人更有過之而無不及；原本是雙方兩情相悅美事一樁，結果反而成了一場非常糟糕的命運安排。

不適合的婚姻對挪威人來說，就像吹入眼睛的沙粒，反射動作就是立刻剔除。但對遠從其他國家嫁過來的外籍新娘，離婚很可能淪為一生的恥辱；俄羅斯女人如果因此回到老家，必定顏面盡失，很難再抬得起頭來。於是儘管婚後不幸，她們也寧可捱過三年做牛做馬的日子，而不願回到自己國家面對難堪。

有名少不更事的亞洲女子，透過網路交友結識金髮碧眼的挪威帥哥，對方甜言蜜語，連哄帶騙，逗得她心花怒放，為了愛情大鬧家庭革命，差不多已準備好打包行李，即將遠赴斯堪地納維亞奉獻青春。所幸臨行前一刻她的朋友在網路上對這名男子稍做身家調查，赫然發現對方情史豐富，似乎以結交外國女友為樂，還大方與人分享獨門技巧，傳授同好如何釣東方馬子上鉤。某些剛正不阿的網友指控他惡名昭彰，在旁人相勸下，年輕女孩異國婚姻夢碎，她的家人則額手稱慶，暗中感謝上蒼可能的悲劇因此少了一樁。

東南亞國家中，泰國和菲律賓是挪威外籍新娘的主要來源，她們看準挪威高所得下的安逸日子，期待藉由嫁娶關係，滿足原本遙不可及的生活水準。但要是倒楣遇上沒良心的挪威男人，將只會吃定她們的天真和無助，利用東方女人克勤克儉的習性在外出賣勞力賺取薪資，藉此供養丈夫的物質享樂。法定的三年期限，將成為她們這些外籍新娘最不堪回首的慘痛教訓；對照自己國家一年四季陽光普照，經年累月昏灰大雪的挪威街頭，更顯淒涼。

遠嫁挪威的肯亞婦女匿名向非洲國際新聞社（API）投訴自己遭挪威丈夫毆打，呼籲尚在挪威受苦受難的非洲婦女同胞，一起站出來反抗白人丈夫精神兼肉體的虐待，以便盡早結束噩夢一場。挪威國家廣播公司（NRK）自揭瘡疤，把部分外籍新娘所受的折磨公諸於世。於是我們終於理解，諸如家庭暴力、性虐待、惹是生非這類偏執的男子氣概，有人以為是被女強人所激化，事實上當兩性地位處於極不平等的狀態時，油然而生的英雄本色很可能就會是這種樣子。

「男子氣概是藉由對女人的仇視與暴力相向而形成，並得以維繫不墜。」女性主義者上個世紀就發現這個道理。挪威「進口婚姻」難以避免的陰暗角落，有時正好反映了此類現實。儘管一個高度文明、兩性平權的國家，稍稍嚐到男尊女卑的甜頭後，理智也可能失控。

假如「愛」並非「進口婚姻」的主要動機，而是彼此都想藉由它創造「雙贏」局面，許多的不幸便可能從中鑽了出來，而這一切難道是要怪現代的挪威女人姿態孤高，難以駕馭，視男人於無物？否則挪威男人何苦捨近求遠，讓少數害群之馬玷汙了挪威男人在外的名聲。

2-7

行不改名，嫁不改姓

挪威語中的「en」所指為陽性，「ei」所指為陰性……我自始至終百思不解，為什麼挪威文裡的杯子屬於陽性，吐司麵包則是陰性……

❋ ✳ ✱ ❖ ✲ ✳ ✷

日本神怪小說家夢枕貘對「咒」的解釋是：「一種束縛，一種會讓人感到在意的束縛，世界上最短的咒語是『姓名』，當別人叫你的名字，你立刻給予回應，正是受到咒的左右。」

直到十九世紀中葉，挪威人的姓氏仍由父親決定，他們以父親名字的字

挪威名作家比昂松。

尾加上「sen」做為你的姓氏，好辨識你是誰的兒子。挪威文裡的「sen」或「son」，一如英文的「son of」。當尤納森（Johansen）、拉森（Larsen）和安德森（Andersen）三個人站在你面前，你可以很清楚地知道他們分別是尤翰（Johan）、拉斯（Lars）和安卓（Ander）家的兒子。加以子孫從父姓的傳統，這些姓氏隨著歷史源遠流長。

挪威已故知名作家比昂松的全名是「比昂斯徹納．馬丁努斯．比昂松」（Bjørnstjerne Martinus Bjørnson），可以想見他的祖先來自於彼庸「Bjørn」家族，「Bjørn」一詞在挪威文中還有「熊」的意思，「比昂松」（Bjørnson）若照字面翻譯，便成了「熊的兒子」。

這種子女從父姓，以「統其祖考所自出，別其子孫所自分」的規則，在女性主義者眼中便成了不折不扣的父權魔咒；尤其歐洲女人還有婚後改冠夫姓的習慣，更為女性意識所不容。古老挪威社會雖然一度曾有專屬女性的姓氏出現，例如在名字的字尾加上「dtr」（亦即女兒[datter]的縮寫），以標示妳是某人的女兒。但在父權文化長期主導下，今天挪威已再也找不到任何具有「dtr」字尾的姓氏。挪威在野黨主席西芙．顏森（Siv Jensen）

雖然是女強人的代表，但仍得接受「Jensen」此一來自父系的姓氏之咒。

至於挪威人的名字，則十分坳口難念，英語系國家也自嘆不如。特有的「æ」、「ø」「å」字母發音，若夾雜在人名裡，念起來真要讓人七竅生煙。儘管他們亦有明顯的男性用名和女性用名，一開始若無高人指點，外人實在難以區分 Arnfinn、Gunnvor、Kjetil、Tove、Børge、Borghild 的名字排列，原來是一男、一女、一男、一女……

挪威人十之八九都可用英文與人交談，但即使你英文程度奇佳，在當地有時恐怕也只是徒增困擾。涂娜（Tone）是挪威女孩常見的名字，初次見面，涂娜向你自我介紹「Hello, I am Tone.」如果一時不察，你會以為對方告訴你，她是條「鮪魚」（Tone 和英文鮪魚 [tuna] 的發音相同）；同樣的疑惑偶爾也會發生在挪威人身上，若你在電話裡表明身分「Hi, this is Harry.」挪威人可能會搞不清楚你的來意，因為英文哈利（Harry）的發音，正好和一款挪威垃圾用拖車相近。

挪威統計局（SSB）調查發現，現代挪威女人最普遍選用的名字是艾瑪（Emma）。一八一六年，英國女作家珍・奧斯汀（Jane Austen）曾以《艾瑪》為名發表了四百頁的長篇小說，震撼文壇。一名幾乎足不出戶的女作家，以令人驚豔的文學造詣擄獲讀者，極其不易地把自己的分量提升至馬克吐溫等大男人作家的地位。《艾瑪》日後被視為珍．奧斯汀的最高成就，評價勝過《傲慢與偏見》。挪威女人鍾愛此名，潛意識裡也許是在向以一支筆打垮無數男人的珍．奧斯汀致敬。

跳脫人名之外，挪威語中的陰性、陽性用法，和其他歐洲語言一樣也有簡單規則可循。如「en」所指為陽性，「ei」所指為陰性，一個小男生叫「en gutt」，一個小女生叫「ei jente」，不同的物品亦有陰陽之別。從中我們也可以再次印證古往今來父系思想的偉大，當下挪威年輕人在使用陰性的「ei」或陽性的「en」時，早已不若老挪威人嚴謹；結果多半是簡化以陽性的「en」取而代之，而非把陰性的「ei」視為慣用字，甚且可拿陽性的「en」指某名女生。問題在於，若你以陰性的「ei」稱呼一個大男人，一旁的朋友通常會提醒你，這麼做將是非常危險的行為，因為對方可能會誤以為你諷刺他是個娘娘腔。

曾經有過一段時間，激進的女性主義者對西方語言文法中的陰性、陽性

今天的挪威新生兒，可同時擁有媽媽和爸爸家族的姓氏。

嗤之以鼻，認為何謂陰性、何謂陽性，通通都是由父權體制強加定義，最理想的變革就是徹底揚棄陰性、陽性用字，改以全新的「中性」詞詮釋世間一切事物。這點我頗為贊同，因為我自始至終百思不解，為什麼挪威文裡的杯子屬於陽性、吐司麵包則是陰性？而顯然激進女性主義者的革命迄今尚未成功。

不過，至少挪威人終究是為女權爭得了一席之地，自古以來子女必從父姓的法律規定已有改進，今天的挪威新生兒，可同時擁有媽媽和爸爸家族的姓氏（*1）。雖然這將使他們的全名猶如火車般一樣長，但女性社會地位若要獲得提升，這道程序不失為一條捷徑；且假如你有意繼承母親家族財產，先決條件是只能選擇冠母姓。

鄰國瑞典子女究竟是採用父親姓氏還是母親姓氏，可由父母商量決定，台灣《民法》也已跟上瑞典腳步，儘管敝國最後約定子女為母姓者少之又少，我們亦可藉此誇口邁入兩性平權的新境界。挪威人則直接略過「約定」這一步，直接兼採父姓和母姓，女權在姓氏上的平反，比起其他國家可謂更勝一籌。

挪威女人出嫁後未必會冠夫姓。

住在挪威西南邊大城史塔萬格（Stavanger）一對夫妻卻因此遇上了麻煩，一名挪威女人嫁給西班牙裔的丈夫後，為了同時讓自己的小孩擁有她的姓氏和丈夫的姓氏，這名挪威女子幾乎告上法院，成為全國性話題。媽媽安娜的全名為「Anna Drangeid Risholm」，她的兒子理所當然可以擁有母親家族「Risholm」的姓氏；麻煩出在西班牙裔的父親全名為「Juan Carlos Carpio Patiño」，挪威戶政單位系統裡無法輸入父親的姓氏「Patiño」，乾脆簡而化之，拿「Patino」充數。安娜完全無法接受，因為「Patino」和「Patiño」根本是兩個完全不同的名字，政府機關憑什麼移花接木，她的小孩在挪威戶政單位登記的姓名是「Livia Patino Risholm」，安娜因此拒絕承認電腦清單上的那位仁兄是她的小孩，並且反問挪威政府「如果妳叫安娜（Anna），我卻在妳所有的文件上稱呼妳為漢娜（Hanna），妳接受嗎？」

假如我們相信一個人的名字，除了供旁人稱呼之外，還關乎人格，我們大概可以理解安娜堅持不讓的理由。幾世紀以來，男人的姓氏主導了家族的發展，女性主義者從中嗅出了父權刻意貶抑女權的刺鼻味道，挪威人讓小孩同時擁有父親和母親的姓氏，在下一代平權主義的養成上，也許已產生了深刻的影響；儘管母親的姓氏依然存在「sen」的字眼，但挪威女人早賦予它們新的生命。

*1：為求方便起見，挪威人在名字使用上，仍習慣僅以父親或母親的姓氏為其「Family name」，用以日常稱呼，唯在法律文件上，一般人正式的姓名已可採父母雙姓。

2-8

你一半、我一半

「婚姻家庭是社會安定和進步的動力」……霉味四溢的陳腔濫調已在斯堪地納維亞半島快速解體，男大當婚、女大當嫁的習俗成了南柯一夢。

斯堪地納維亞半島風格獨特的兩性世界，讓位在地球另一端的美國人十分好奇，《今日美國》（*USA TODAY*）特別派遣記者前往觀摩採訪，結論是此地人民不重家庭價值，因為他們關心的是如何讓夫妻離婚更加省事。

美國曾是十九世紀女權運動的中心，但連他們的記者都難以置信，北歐社會對自己國家的高離婚率和高分居率竟然完全缺乏反省，甚至視之為女人自主的表現，從未試圖扭轉這種趨勢；加上資源雄厚的政府過度介入養育子女的責任，年輕夫妻有恃無恐，等於是變相鼓勵製造單親家庭。

傳統的婚姻觀念因此備受挑戰，男人娶老婆再也不必徵求對方父母同意，甚至連打聲招呼都可免了。在美國，新娘的爸爸好歹還會在婚禮上把女兒交到新郎手上，交待一聲：「請好好對她。」北歐的新娘們則很樂於自己單獨進場，假如婚姻已非一生一次的重大決定，確實何必那麼麻煩父親他老人家。

北歐人其實不太時興張燈結綵的結婚典禮，畢竟與會嘉賓在乎的並非新郎、新娘感人的愛情故事，重點在新人舉辦婚宴，提供的酒水能否達到賓主盡歡；從晚餐、致詞、幻燈片、唱歌跳舞到消夜，它的作用無異於一場狂歡派對；洞房花燭夜，新人通常得耗到凌晨才有辦法在滿身醉意下送客。不如一切從簡，法院公證即可，至於「白頭偕老」「永浴愛河」這類祝詞，對挪威人來說多半也是無濟於事。

一對從亞洲移居挪威的父母要求兒子解釋清楚，上次帶回家的女孩究竟

不少挪威女人對婚姻已不再存有浪漫幻想。

是情人還是朋友，偏偏兒子的女伴一換再換，老父親最後也懶得釐清真相，不過有言在先：「如果你將來只打算和女友同居，休怪我不承認你們的關係。」東西文化的衝突，在外來移民的兩代身上經常上演，母親感嘆「媳婦」從來都是直呼其名諱，不過倒也欣慰個人的地位總算有所提升，因為曾經有過很長一段時間，她和先生的名字在兒子女友口中分別叫做「嗨」和「哈囉」。同樣的道理，女婿即便有「半子」之稱，你也無須寄望他會敬你如父。北歐的家庭觀念讓美國記者瞠目結舌，東方社會的倫理道德在此更不得不甘拜下風。

美國記者那趟取經之旅，特別訪問了一位年輕時便奉子成婚的挪威老婦。年近六十歲的瑪格麗特女士當年只是個情竇初開的少女，父母顧及門風，要求挺著大肚子的她必須立刻嫁給男友，心不甘、情不願下兩人總算步入禮堂。回首當年，瑪格麗特說她實在是枉費青春，假如自己的女兒有朝一日也步上未婚懷孕的後塵，她一點也不介意女兒是否打算結婚。

「婚姻家庭是社會安定和進步的動力」，兩百年前它曾經定義了西方文明；霉味四溢的陳腔濫調已在斯堪地納維亞半島快速解體，男大當婚、女大當嫁的習俗成了南柯一夢。北歐神話描寫維京時代天上的諸神，有責任和義務保衛人類的家庭，如今這類傳說，看來愈加英雄無用武之地。

儘管直到今天，我們在北歐依然可見婚姻的傳統結構，實際上它卻已換上另一張全新的臉孔。新時代的挪威夫妻滿腦子都是平等主義，連家事也要清清楚楚規範一人一半。小孩一天要換四次尿片，夫妻還得協商誰換前兩張，誰換後兩張，完全沒得商量。吃飯洗碗彼此合作或許有助生活情趣，但假如今天你煮飯、明天我下廚，一切皆得照表操課，夫妻還有情分可言？推嬰兒車出門，也不忘提醒輪到對方接手；誰負責接小孩下課也得看是一、三、五還是二、四、六；家務平均各半，有時精細得幾無差池。你很懷疑他們究竟是拿什麼樣的尺在丈量雙方責任。雖說農業時代的挪威男女已懂得相互分工，但兩性平權時勢所趨，真有必要如此走火入魔？

房東彼藤太太賣掉了奧斯陸精華地段的豪宅，搬入一間公寓準備養老，她的先生則自己一人住在瑞士日內瓦郊區湖邊的老房子。彼藤太太說他們夫妻依然相愛，但她受不了這把年紀還要離鄉背井，卻也不捨剝奪先生年輕時的夢想，只好選擇分隔兩地。彼藤太太的先生年過半百，突然決定移居西歐，彼藤太太當下爽快地給了句祝福：「是嗎？好吧，那就一路順風，有空再去找你囉！」挪威人相信自己的個性，是受傳統孤立的村莊所養成，因此他們很懂得安排自己一個人的生活。夫妻分居成性，有時意味著終於可以從「凡事一人一半」的遊戲規則中解脫。

挪威的女權意識萌芽甚早，且生長奇快，今天已達到許多女權先驅國家猶不能及的程度。老一輩挪威人縱有男人當家作主的餘威，中生代的挪威男人已懂得遮蔽雄性鋒芒，新生代的挪威男女則迫不及待打造兩性徹底平等的國度。挪威推動兩性平權的成果雖然已堪安慰，但根據官方統計，挪威男人每日平均花費在家務上的時間，仍約莫只有女人的一半（男人二點五小時、女人四點五小時），這豈不是自砸招牌！「你一半、我一半」的家庭能在二十一世紀的挪威如雨後春筍般湧現，這項調查可謂居功厥偉。

挪威強大的社會福利號稱可以一路照顧全國人民從搖籃到墳墓，家庭成員彼此的相互依存度因此降低不少，夫妻之間似乎再也不必擔心「沒有你我活不下去」。物質層面的滿足，會不會帶來精神層面的缺憾，一直是這個國家傳統家庭擁護者關注的課題，他們非常擔心隨意結婚、隨意離婚，

新時代的挪威夫妻滿腦子都是平等主義，連家事也要清清楚楚規範一人一半。

或者欠缺傳統核心價值的家庭，會是女權無限度發展後難以克服的副作用，他們一再警告家庭的瓦解，將導致社會嚴重失序。當我們回頭觀察挪威家庭，卻發現他們完全不打算走回頭路，甚至還頗為樂在其中，這或許取決於他們對現代「家庭幸福」一詞，有了全然不同以往的定義。

我想挪威確實不失為一面兩性平權的鏡子，正因為它不僅比許多國家提早一步達成性別平等的要求，還進一步投射出未來我們可能面臨的社會型態。兩性平權同時影響了家庭觀念和婚姻價值，如果我們可以接受家庭不必以婚姻為前提，無論男女結婚次數不拘，且操持家務以二分之一為限，進入這個境界，大概就和斯堪地納維亞半島的人民相去不遠。

Ch.3

挪威女人 VS. 挪威男人

我終於獻上第一道菜「馬鈴薯配煎鮭魚」，我不確定是在什麼樣的心境下做了這番突破，事後回想，社會氣氛果然可怕，當參加男人間的聚會像是誤闖一堂乏味的烹飪課，插不上嘴的滋味，並不下於對某起政治事件無知到啞口無言。

3-1

媽媽的天堂

挪威有一半以上的新生兒是由未婚媽媽所生……憂心忡忡的保守份子宣告婚姻在挪威將步入「死亡」，但女權主義者卻很高興女人從中獲得新生……

我從來不知道人類的腦袋裡有個叫「海馬迴」（Hippocampus）的東西，原來它掌控了我們的情緒和壓力，拜美國華盛頓大學教授瓊・盧比（Joan Luby）之賜，透過她的論文報告，大家得以增廣見聞。根據她報告裡的結論，一個人若在幼兒時期獲得母親較多的照顧，將有助於增大「海馬迴」的體積，日後影響所及，就是容易控制情緒，以及具備良好的抗壓性。

曾經一度，我強烈懷疑挪威小孩不吵不鬧、慢條斯理的個性，是被當地的天寒地凍傷了反應神經；後來發現，那些樣貌天真，鼻尖掛著兩道鼻涕的小鬼，應該只是印證了盧比的分析所言不假。一個在超級市場裡幾乎找不到奶粉的國家，有百分之九十五的嬰兒最初幾週都是靠母乳餵養，全國有六成以上的小孩喝母奶長大，他們給予成人世界最大的回饋，就是盡可能不在公共場所歇斯底里、鬼吼鬼叫。

挪威媽媽對子女的照顧當然不僅於此，直到十二歲之前，家長（包括爸爸）每年還有總計十天，且支領全薪的孩童照護假（*1）；家中若有兩個小孩以上，照護假將增加至三十天。舉凡子女頭痛、腹瀉、感冒、流鼻涕，無論情節輕重，媽媽都可據此不必出門上班，安心在家陪伴自己小孩。單親職業婦女一年則有二十天照護假供其使用。對於請假一事，挪威人向來毫不客氣，孩童照護假並非法律條文裡聊備一格的裝飾，一旦提出，皆可輕易獲得允許。

「很抱歉，我得趕回家接小孩放學，今晚的會議就不參加了。」挪威職業婦女們可以大方地拿它當理由，推掉所有重要的會議和飯局，通常老闆對她們所提要求的標準答覆便是：「妳去吧！總不能把小孩丟在學校裡，今晚就不勞煩了。」女人無須為了家庭因素在職場上扭捏愧疚，也不必為了主管准假而深感皇恩浩蕩。「兒童至上」畢竟是這個國家的立國指標，大家都清楚理解，女人在外工作，難免有所犧牲，只是犧牲的對象，絕對不會是自己的小孩。一八九六年，挪威官方正式對外宣布：「照顧兒童，國家責無旁貸。」挪威從此成了全世界兒童照護領域的先驅，投入幼兒福利不遺餘力，間接受惠的當然是母親，在旁掌聲鼓勵的則是女權團體。

女人就該操勞家務，終其一生為子女把屎把尿、洗衣做飯，放棄自我，服侍一家老小，幾世紀以來這幾乎成了傳統女人的天職，她們被設想為只具備解決微不足道小事的能力。男性沙文主義的心態是，假如上帝真的認為兩性應該平等，那為什麼創造夏娃時，用的是亞當的肋骨而非腦袋。婦女團體一直懷疑男人其實是有計畫地以「母親的責任」，暗中阻撓女人發揮工作的天分，並且刻意放大女人因為工作忽略家庭的罪惡感，在對不起

挪威是全世界兒童照護領域的先驅。

外國媒體形容挪威是身為人母的天堂。

家人和對不起自己的槓桿上，迫使她們經常選擇成全家人。挪威的家庭照護制度，便是要讓女人從「抱歉」中脫身，兼顧工作成就和子女的需求。斯堪地納維亞半島以現代化的兩性平權觀念聞名於世，身為挪威女人的幸福感，不光是奠基於「世界上最完美的丈夫」，極為慷慨的全新家庭照護假，恐怕更為實際。

挪威的政經發展常以美國馬首是瞻，在兒童福利之上，他們卻令美國人十分汗顏，美聯社（AP）深入報導挪威的孩童照護制度，結論是：「如果我們美國人想迎頭趕上挪威，就得先把母親和她們子女的事情辦好。」當地舉世稱羨的育兒制度讓外人望塵莫及：媽媽若無工作，生子津貼一胎可有三萬七千挪威克朗（約台幣二十萬元），之後每月還可再領三千五百三十四克朗的育兒金（約台幣一萬八千兩百六十三元）直到進幼稚園。即使是職業婦女，政府每月也會撥款九百克朗（約台幣四千六百五十元）供其養育子女。

此外，挪威媽媽生產一胎，還可獲得至少產前三週、產後三個月的育兒假，和丈夫的育嬰假合併計算，夫妻倆人總計為了照顧嬰兒，最多可足足

今天的挪威有一半以上的新生兒是由未婚媽媽所生。

四十七週不必工作而領有全薪，或者只領八成薪水，痛痛快快放假五十七週，完全不必擔心影響飯碗不保。

今天的挪威有一半以上的新生兒是由未婚媽媽所生，少數郡縣甚至曾出現八成非婚生子女的比例，憂心忡忡的保守分子宣告婚姻在挪威將因此步入死亡，但女權主義者卻很高興女人從中獲得新生。政府接管男人的角色，扮演強而有力的父親，給婦女們更多的支持；加上所有醫學報告都在強調母親對子女的重要，使得挪威女人愈加不需要仰賴男人。未必都得效法單親媽媽梅特（Mette Marit）嫁給挪威王子而後貴為王妃，一個人帶著「拖油瓶」的生活一樣無憂無慮。

二戰之後，許多歐洲政府大肆鼓吹女人應該多生孩子，法國甚至還出現生小孩、發獎牌的創舉，把增產報國當做女人愛國的忠貞表現。但假設生活都快過不下去，為什麼還要多添子孫拖垮自己，工作岌岌可危，養小孩的負擔卻愈來愈大，這也是當代頂客族（DINK, Double Income and No Kids.）不減反增的原因。挪威完美的兒童福利政策，當然有賴背後強大的經濟力支撐，不過它也確實信守了自己當年立下「照顧兒童，國家責無旁貸」的承諾。兒童獲益良多，挪威女人順勢藉由政府當靠山，自信隨之水漲船高。相形比較，許多同因石油致富的國家，今天依舊將女人視為芻狗，外國媒體形容挪威是身為人母的天堂，自有其道理。

一九一九年二月九日星期日，挪威教會首度在當時的第一大城卑爾根舉辦母親節慶祝儀式，從此每年二月的第二個星期日便成了挪威獨樹一格的母親節。依照傳統習俗，當天為人子女要幫媽媽打掃廚房、遛狗、做蛋糕、煮咖啡、製作卡片和送上一束花，但我懷疑，今天究竟還有多少挪威小孩會這麼費心打理這一切，何況挪威媽媽幾乎已宛如天天活在慶典之中。

---

*1：台灣公務員每年有五天針對小孩的有薪家庭照顧假；一般勞工一年則有七天在遭遇颱風天「停課」時的有薪照顧假（尚在修法中）。

▲ 每年二月的第二個星期日是挪威獨樹一格的母親節。（報上的母親節專刊）

▲「兒童至上」是這個國家的立國指標。

3-2

女人的分量

如果你是個和平主義者，就別當警察；如果你拒絕替人輸血，就別當外科醫生；如果你不願幫病人避孕或者轉診墮胎，那你連醫生都不必當了……

※ ✳ ✱ ❖ ✲ ✳ ✷

三十名醫學院學生、六十名醫護人員和一百七十名醫生聯名抵制墮胎法案，幾天後，挪威衛生部長出面做出以下回應：「如果你是個和平主義者，就別當警察；如果你拒絕替人輸血，就別當外科醫生；如果你不願幫病人避孕或者轉診墮胎，那你連醫生都不必當了。」言下之意是，你們各位不如乾脆改行。

一八五七年，受到丈夫暴力對待的妻子，終於有權主動訴請離婚；一八八二年，已婚婦女獲得允許，可以賺取收入和保留自己的財產；一九○七年，她們為自己爭取到了投票權。往後的女權運動愈加得寸進尺，「墮胎」成為女人自主權發揚光大的重要里程碑，有人心懸一念，受它影響甚至遠超過宗教規範。「所有醫生都要做好準備，隨時替病人轉介到墮胎診所，即使這麼做違背了你的信仰。」這是自稱基督教國家的挪威在墮胎議題上的最終結論。

二十世紀初，英國女權運動先驅艾米琳．潘克赫斯特（Emmeline Pankhurst）大肆鼓吹女人必須為自己爭取投票權，因為「光看報紙是沒用的，妳們有權知道更詳細的內容」。一旦女人也能透過選票表達意見，她們就能改變這個國家，讓長期遭男人掌控的政府和國會，學著從女人的角度思考問題。

對當時保守的大男人來說，艾米琳的行為幾乎和中世紀的巫婆沒有兩樣，

「投票權」一詞的爭議並不下於今天「墮胎」兩字。地位崇隆的瑞典劇作家史特林堡（August Strindberg）以貶低女人聲名大噪，他認為女權主義者全都是居心叵測，國家根本不該給予這群「次等生物」「猴子」投票權；他和挪威小說家哈姆生一樣都非常景仰德國，原因之一不過是當時的德國法令禁止女孩就讀大學，但他晚年也步上哈姆生的後塵，被懷疑患有嚴重精神分裂。史特林堡曾在他的作品中，描述一名惡毒的女人如何把丈夫逼瘋，假如那有半點自傳的影子，可以想見他對艾米琳之流有多深惡痛絕。

挪威婦女在一九一三年贏得投票權之前，和男人幾乎打了場將近三十年的硬仗，男人根本不相信女人的腦袋能夠裝得下任何政治見解，也不可能具備精明的商業頭腦，為什麼就不能安於家室，專精於刺繡和裁縫？而要異想天開、野心勃勃覬覦國家大政。其結果是，貶抑女人並沒有讓這些男人討到便宜，翻開歷史，挪威的女權發展，早已超乎女人們原先預期，男人的反噬最終只顯得欲振乏力。自從挪威女人投下第一張選票，原本堅若磐石的男權社會，就注定要遭群蟻潰堤。

八〇年代，挪威出現首位女總理葛倫．布蘭特倫（Gro Harlem

Brundtland)（*1），在其麾下，地球上終於有了第一個女性閣員達半數的政府出現，這位女中豪傑一生三度擔任挪威總理，為挪威女權打下深厚基礎。進入二十一世紀的挪威，政府部會首長平均有五成會是女人；國會裡的女議員，始終維持近四成的比例。歐盟不少國家明文規定私人企業的董事席次，至少要有百分之四十保留給女性，全世界唯一曾達到此標準的模範生，則是非歐盟成員的挪威（二〇〇九年達成，有四百多間國內上市公司受到規範）。挪威是八〇年代中期第一批提出類似《（男女）機會均等法》的國家，挪威女人原本悲觀估計，百分之四十的門檻至少得花上一百年才能實現，結果她們以三倍的速度提早奪標。女人長期占有國家政經領域三分之一的天下，這些顯而易見的表現，讓挪威在二〇〇三年特別受聯合國讚譽為「兩性平權的避風港」。

由男人發動的兩次世界大戰，造成男人大量死亡，當時許多女性在無父、無夫下，開始學習獨立自主，傳統性別角色從此產生了化學變化。後人發現，男人們原本想藉由戰爭施展男子氣概，結果反而助長女性意識抬頭，今天看著女人和自己平起平坐，完全是自食惡果。

挪威工黨（Arbeiderpartiet）擁有為數眾多的女性支持者，此為工黨黨部前廣場。

挪威國會議員有近四成是女性，圖為挪威國會。

挪威穆斯林女警曾希望執勤時也能披戴傳統頭巾，此案後遭國會駁回。

更何況偶爾還有不爭氣的男人從旁為女權助上一臂之力。一如二〇一二年挪威女性國防部長法爾摩（Grete Faremo）臨危受命突然轉任司法部長，接替麻煩不斷的史托柏格（Knut Storberget）。史托柏格任內曾發生穆斯林女警披戴頭巾事件（*2），一度壓力大到稱病請假躲了兩個星期，正好讓眾人見識到所謂「男子漢」的危機處理能力；之後二〇一一年夏天挪威爆發七二二屠殺案，史托柏格事前、事後態度無不畏首畏尾，儘管總理一再替他緩頰，社會大眾對一個肩膀幾乎縮到脖子裡的部長早失去耐性；治軍嚴謹的鐵娘子法爾摩因此披掛上陣，以便重新整頓鬆弛疲軟的挪威警政。

「假如你一開始無法獲致成功，不如試試你太太曾經告訴過你的方法。」挪威家居用品店裡，一片木製裝飾上以英文刻下這行字，它的銷量奇佳，彷彿是在歌頌男人當道的日子已經遠離。

你問挪威人，何謂貴國經濟發展關鍵，挪威男人會告訴你：「追根究柢，非石油不可。」挪威女人則會說：「敝國國運昌隆，一切要感謝挪威女人外出工作、繳稅，而且不忘增產報國。」或是「為了女人和小孩，國家確實每年耗掉大筆預算，但別忘了，政府從我們這群職業婦女手中拿回的稅收也不少。」具有勞動力的挪威婦女，百分之七十五天天外出工作，美國和歐盟國家的比例皆不到七成，這是挪威女人口氣如此之大的原因。

社會主義政黨長期為挪威女權提供養分，此地女人於是半數以上都是左派政黨的支持者，墮胎之所以能合法化，和女人「滲透」到國會息息相關，一個世紀前爭取女性投票權的先賢先烈們居功厥偉，今天的挪威女人想必對那些人當年的貢獻銘感五內。

在新時代女人爭先恐後從政下，挪威總理史托藤柏格（Jens Stoltenberg）告訴大家：「根據在下執政經驗獲得的教訓，任何有志從政的挪威人都要切記，執政者只要懂得擴大婦女參政的程度，便有助於提振國家的經濟和生育率，同時還可確保預算順利過關。」史托藤柏格言簡意賅，道盡我們正身處於女權翻身的時代。

---

*1：布蘭特倫女士於一九八七年在聯合國發表《布蘭特倫報告》，為人類世界首次提出環境永續發展概念。

*2：二〇〇九年挪威司法部倉促立法，同意國內穆斯林女警執勤時，可以披戴伊斯蘭教傳統面紗，女權主義者全力反對這項立法，挪威司法部之後在社會各界抨擊下，不得不收回成命。

3-3

女人當家，世界和平

我相信這個國家的女權運動應該已走向全面性發展，並非僅侷限在斯文地舞文弄墨，或者純粹視女人為弱者，偶以國家特別法令略表恩澤……

全世界有三百多座和「和平」有關的獎項，唯獨「諾貝爾和平獎」威望舉世無雙，挪威諾貝爾委員會（Norwegian Nobel Committee）（*1）自我歸結它成功的理由，包括獎金豐碩、歷史悠久、不斷為「和平」注入新概念、頭頂諾貝爾獎系列的光環，以及「擁有眾多的女性得獎者」。

2011年諾貝爾和平獎三位共同得主。（左起卡曼、古柏薇、瑟莉芙）

二〇一二年六月，重獲自由的緬甸民主人權領袖翁山蘇姬（Aung San Suu Kyi）如願造訪奧斯陸，挪威諾貝爾委員會特地為這位一九九一年的諾貝爾和平獎得主補辦致詞儀式，纖弱的身軀不減巨人風采，翁山蘇姬以其獨特魅力席捲挪威，簡直就是諾貝爾和平獎女性得主的典範教材。

哈佛大學史帝芬．平克教授（Steven Pinker）透過心理學分析，得出的因果關係是「女人當家可使世界更為和平」。根據平克教授的說法，女人有替環境創造和平條件的特質，並且是從古老時代就已存在的基因，原始部落的女人，從來沒有共同集結襲擊鄰村的歷史經驗，「和平」正是身為人母的本色，戰爭則是不折不扣的男人遊戲。

這或許可以解釋何以諾貝爾和平獎是所有諾貝爾獎家族（化學、物理、醫學、文學、經濟獎）中，女性得獎比例最高的獎項（*2）。二〇一一年諾貝爾和平獎共同得主之一塔瓦庫．卡曼（Tawakkul Karman）在奧斯陸市政廳受獎致詞時，慷慨激昂地向世人宣告：「……婦女扮演受害者的時代已經結束，現在，女人將是領導者……」生長於葉門的卡曼是名記者兼女權運動家，也是諾貝爾和平獎超過一世紀以來最年輕的得主（三十二歲獲

2012 年 6 月 16 日，翁山蘇姬終能以諾貝爾和平獎得主（**1991** 年）身分在奧斯陸市政廳致詞。

「諾貝爾和平獎」威望舉世無雙，原因之一是它「擁有眾多的女性得獎者」，圖為挪威諾貝爾委員會。

獎），這座獎項不僅鼓舞了卡曼，更曾表彰過無數在全球各地和平運動中功績卓著的女人，同時也證明了她們不只是盡點棉薄之力而已。

諾貝爾和平獎除了不斷激勵各國的和平主義者，長年以來，它也不吝於扮演女權運動的推手，對女性翻身有相當積極顯著的貢獻。而如果軍權統治下的緬甸都可因翁山蘇姬而改變，連來自於阿拉伯世界的卡曼都相信「女人未來不會只是自己家鄉的領導者，還會是世界的領導者」，身處斯堪地納維亞半島的挪威女人當然也不可能甘於男人附庸。

一九〇五年，挪威諾貝爾委員會把獎項頒給奧地利女作家貝爾塔．馮．蘇特奈（Bertha Von Suttner），她是第一位獲得諾貝爾和平獎的女性；早在一九〇一年她就被列入候選名單，卻遲至第五年才受到肯定，箇中道理，挪威諾貝爾委員會的文獻直言不諱，那和當時的社會仍受制於男性主宰（male-dominate）脫不了干係。蘇特奈先例一開，挪威女權思想有幸搭著和平列車，在島上飛快馳騁。

曾經一度，男人認為女人可以帶來和平，並非寄望那些手無縛雞之力的淑女們真能消弭戰爭，而是國家偶爾必須借重女人，執行具有擔保性質的外交政策。二十世紀初，挪威脫離瑞典控制，正式宣布獨立，一時間苦無具有純正王室血統的君主領導，便向鄰國丹麥情商，恭請丹麥王子擔任挪威國王，後稱哈康七世，加以哈康七世的妻子為英格蘭公主，依照挪威的外交布局，這等於是買了雙重保險，尤其有英格蘭公主坐鎮，假設瑞典再度來犯，他們相信英國將不會坐視不管。好戲還在後頭，哈康七世長子奧拉夫五世繼位，還特意迎娶瑞典公主為妻，藉由婚姻維繫住了挪、瑞兩國穩定的和平關係。

蘇特奈的出現，終讓男人改觀，女人不會是永遠的人質，甚至也可以筆鋒如刀，文辭犀利，和男人並肩作戰抨擊民族主義和帝國侵略。年輕時她曾不顧父母反對，和情人私奔，放棄到巴黎謀職的機會，選擇隱居高加索山長達九年，只因為她的男人寄來了一封情書，哭訴「沒有妳我快活不下去」。從此蘇特奈便選擇留在丈夫身邊，靠個人寫作維持夫妻生計，此類非典型的前衛作風，自她開始跨足和平運動，又再掀起一波人生高潮。

她對戰爭與和平的見地不亞於男人，四處鼓吹利用國際仲裁解決國與國之間的事端，避免戰爭造成無辜百姓傷亡。當她獲邀至挪威演講，挪威人以英雄式的歡呼相迎，幾乎忘了她是穿裙子入場。這名女強人本身其實是名流出身，在仍以貴族為傲的年代裡，挪威各地所有論及她的報導和評價，卻無一與之有關，挪威人不以「女人」貶抑她，不以「貴族」奉承她，反應實為罕見。蘇特奈獲頒諾貝爾和平獎那年，正是挪威脫離瑞典，獨立成為一個全新國家的同一年，女權日後能在挪威滋養茁壯，還真是冥冥之中自有定數。

我相信這個國家的女權運動應該已走向全面性發展，並非僅侷限在斯文地舞文弄墨，或者純粹視女人為弱者，偶以國家特別法令略表恩澤。至少挪威國家女足隊的表現便一直優於男足，她們是一九九五年「FIFA」女足世界盃的冠軍，還贏得二〇〇〇年雪梨奧運女足賽的金牌，這些都是挪威男子足球隊不曾有過的殊榮。挪威女足擅於長傳快攻，我曾在運動場上親眼目睹這群娘子軍剽悍的行徑，巾幗不讓鬚眉，莫此為甚。

已故的葛雷特·瓦茲（Grete Waitz）是挪威馬拉松界天后，一生戰果輝煌，譽滿全球，在一篇懷念她的文章中，居然對她個人顯赫的戰績隻字未提，反而著眼在瓦茲的誕生，究竟為挪威女性營造出多大的自信，並且如何大

⧹ 女人手持象徵和平的橄欖枝。

⧹ 哈佛大學史帝芬教授透過心理學分析，得出「女人當家可使世界更為和平」。

舉墊高挪威婦女的社會地位。她讓挪威女人相信自己也能和男人一樣，可以是運動健將，有同樣的機會把自己與生俱來的天賦發揚光大。普及於足球、手球、滑雪、游泳各種運動，運動場上的挪威女人鬥志旺盛、殺氣騰騰，那股優越感奠定了挪威婦女驕傲的泉源。難怪當她們從你身旁擦身而過，你感受到的經常會是一抹昂首挺立，甚且目中無人的氣息。

和卡曼同時獲得諾貝爾和平獎的賴比瑞亞女總統埃倫．約翰遜．瑟莉芙（Ellen Johnson-Sirleaf）在頒獎典禮上，以「你們將看到何謂全新的世界」為開場，自信滿滿誓言：「未來當你們提起非洲，腦海浮現的不會再是強暴、虐待和剝削，而是非洲女人為和平而戰的身影。」她和卡曼、萊伊曼．古柏薇（Leymah Gbowee）三位共同得主，飛越半個地球享受挪威諾貝爾委員會賦予的榮耀；同一時間，挪威因為這三位女鬥士而增光，亦是不爭的事實。

根據阿弗烈德．諾貝爾（Alfred Nobel）的遺願，諾貝爾和平獎根本不是為了表揚任何一位偉大的女人而存在，但女人的觸角的確愈來愈廣，並且還各個活躍於世界舞台，挪威諾貝爾委員很難視而不見。依照平克教授所

運動場上挪威女人傑出的表現成了她們驕傲的泉源。

挪威女足在場上十分剽悍。

描述，女人天生就具備「和平基因」，當然也有機會從男人手中拿到奧斯陸市政廳（*3）的入場券。假如未來真如瑟莉芙所說將是一個「全新的世界」，那麼，所有男人最好及早認清時局所趨，下一步各位即將讓出的，就是廣場上的銅像。

---

*1：根據阿弗烈德·諾貝爾（Alfred Nobel）的遺願，諾貝爾和平獎是唯一在挪威奧斯陸頒贈的諾貝爾獎項（其餘諾貝爾獎皆在瑞典斯德哥爾摩頒贈）。

*2：諾貝爾和平獎從一九〇一年開始頒贈，截至二〇一一年，共有十五位女性獲獎，比例約占百分之十。

*3：諾貝爾和平獎頒獎地點。

3-4

奶爸

三十出頭的挪威王儲哈康王子（Haakon Magnus）和年近五十的挪威總理史托藤柏格（Jens Stoltenberg）分別接受媒體訪問，竟異口同聲說：「把小孩照顧好是我們每日生活首要之事。」

我終於理解，「父親育兒假」根本就是女人的傑作，男人不可能自己提出這種有損陽剛氣的要求。「父親」是印證男子氣概的最佳角色，他以對家人發號施令塑造權威感，同時具備智者和勇者形象，無論是大學該如何選填志願或者螞蟻有幾隻腳，任何疑難雜症都難不倒他。挪威男人今天卻紆尊降貴，一窩蜂模仿女人在家裡巧扮慈母，無怪乎反女權者揶揄新時代的父親，其實是個「失蹤不見的爸爸」。

挪威自一九九三年起陸續延長「父親育兒假」的期限，制度引入晚了鄰國瑞典將近二十年，但它已從六週、十週增至十二週，儼然世界之最。孩子出生後，挪威男人換算可有八十四天全薪假期，唯一得忍受的是必須二十四小時用來和皺巴巴的嬰兒共處。「父親育兒假」的誕生，完全滿足了始於七〇年代職業婦女的野心，如此一來，女人產後既可發揮母愛（母親有三十五週育兒假），接著還可依法交棒給孩子的爹，讓自己提前回到工作崗位，實現所謂的「家庭、工作兩者兼顧」。

「父親育兒假」的制度並非北歐國家所獨有，陽剛味濃郁的德國也抵擋不住這股風潮，經過一陣大規模社會改造工程，他們總算在二十一世紀迎頭趕上挪威腳步。不苟言笑的德國男人也有機會嚐嚐父代母職的滋味，今天一旦升格當上父親，德國爸爸們即可為了在家帶小孩休上兩個月長假。

問題是他們何必多此一舉？立法實施多年，全盛時期不過百分之二十五

家中附近的咖啡廳，周末上午，幾乎全是爸爸帶小孩來吃早餐。

挪威父親的「陪產假育兒假」貫徹得至為徹底，所有以此為由而離開辦公桌的男人，皆無需面帶慚色。

挪威男人可享有十二周的「父親育兒假」。

的德國父親願意回家接手親職，其餘人等還是選擇效忠工作為重的人生目的。對比挪威社會，百分之九十的挪威男人皆欣然換裝以「奶爸」模樣示人。一名德國女記者在一場餐會上和我對望而坐，她說光就這點理由，就覺得挪威男人實在超有魅力。

其實不難察覺，生活周遭幾乎沒有任何男人會湊在一塊分享彼此的育兒經驗。男人聚會的話題通常選擇遠離家庭，而且離得愈遠愈好，遠到可以把焦點放在中東的政治局勢、華爾街的金融行情，或是正在遙遠國家進行的體育賽況，即使內容有時難免言不及義，都好過和人討論如何把三個月大的兒子逗得呵呵大笑。新手夫妻第一次看到躺在床上蜷縮成一團的小嬰兒終於靠自己力量成功翻身，很容易不由自主感到興奮莫名；但身為人父，你絕不可能立刻拿起話筒，向所有你想得到的親友宣布愛子本日驚人之舉；以不同時期拍攝的照片替兒女留下成長紀錄，永遠是媽媽的主意；「育兒經」被視為是母親的專長由來已久，不管在什麼情況下，男人只要在養兒育女上多說個兩句，便會強烈感受到他們並不是在做他們該做的事。

男人不習慣在大庭廣眾下握著奶瓶餵奶，盡可能不單獨一人推著嬰兒車上街，不輕易於人前用童言童語的腔調討小孩開心，心態與男人從不和別人討論他們帶小孩的枝微末節一樣，深怕遭人識破自己居然樂在其中，貶損了社會期待的男人味。是個男人，就應該留在外頭冒險犯難，在公司加班忙到焦頭爛額，而不是趁著小孩還沒入睡之前，趕回家為他讀篇床前故事，反正媽媽總會負起這些責任。

挪威兒童與平等部（*1）二〇一二年爆發醜聞，政府原本應該用於女權組織的補助經費，居然有一部分流入特定政黨的女青年團分支。東窗事發，輿論譁然，但挪威社會仍好整以暇，等到部長先生休完育兒假才開始修理他（最終以下台收場）；司法部長史托柏格力有未逮，遭撤換下台，不過在此之前，他還可先回家陪產日後再打包離開。挪威父親的「陪產假／育兒假」貫徹得至為徹底，所有以此為由而離開辦公桌的男人，皆無須面帶慚色。三十出頭的挪威王儲哈康王子（Haakon Magnus）和年近五十的挪威總理史托藤柏格（Jens Stoltenberg）分別接受媒體訪問，竟異口同聲說：「把小孩照顧好是我們每日生活首要之事。」

聽起來好像是官方宣傳，事實上挪威男人如此心甘情願把精力花在子女

⩘ 嬰兒車旁聚集著男人們的畫面在挪威相當多見。

身上，也有其識時務的一面。假設夫妻離異，為了小孩的監護權走上法庭，勝利者永遠是在小孩身上花費較多心思的一方，若光以薪資收入為標準，未必能取信法官大人，他們還得視你曾經付出多少時間陪伴小孩，做為監護權最終判定的依據。

今天之前，即使「進化」程度如挪威，在父母雙方同時皆有工作下，母親投入家庭的心血仍多過父親。假如男人回家後，依然只沉迷在沙發上翹著二郎腿看報紙，而不多花點力氣陪孩子畫圖、聊天。身處高離婚率的挪威社會，男人有很大的機會最後是落得一無所有。既無子女監護權，還得按時奉上贍養費，每月必請稅務局從你的薪水扣除，那才叫得不償失。

男人其實早就懷疑女人大肆宣傳「照顧小孩，丈夫有責」是別有用心，無非想確保她們自己的職場生涯能夠延續，並利用專屬於父親的育兒假，讓男人不得不群起師法母親的行為。如今若要符合挪威社會好爸爸的條件，已無法藉由偶爾和兒子在公園踢踢球、跑跑步就敷衍矇混過關。他們在職場上得忍受女人步步進逼，回到家還必須和媽媽一樣稱職，但或許角色互換未必一無是處，他們大概因此比我們更能體會職業婦女的難為，挪威男

奧斯陸街頭隨處可見推著嬰兒車的奶爸。

若要符合挪威社會好爸爸的條件，已無法藉由偶爾和兒子在公園踢踢球、跑跑步就敷衍矇混過關。

人對女人頗知尊重，應該是發現「母親的一天」遠比想像中複雜。

我也漸漸明白，為什麼挪威的小學教育，要同時傳授小男生烹飪、裁縫和打毛線，因為有朝一日，它將在往後的親子生活中派上用場。既然挪威媽媽們也有資格訓練自己的小孩滑雪、游泳、踢足球，挪威爸爸若再墨守成規，以為光是換盞燈泡就有資格成為子女們心目中的英雄，便是過於漠視自己在家中日益維艱的處境。

古老維京時代好父親的典範，對待子女的方式就是什麼都不管；現代挪威男人則很害怕淪為妻、子之間的活道具。避免遭晾在一旁不知所措，成了他們改頭換面積極參與小孩生活的動力，儘管有違男子氣概，但至少證明了父親這號人物還不到要遭淘汰的地步。挪威男人說，即刻起他們要排除萬難，盡可能珍惜和子女相處的寶貴時光，首先，就是對政治話題降溫，因為男人聚在一起聊政治，話匣子一開永遠沒完沒了。只是，當男人不再熱衷政治，反而花時間和小孩一起學插花、打毛線，這男人還叫男人嗎？

*1：全名為挪威兒童、平等暨社會融合部（The Ministry of Children、Equality and Inclusion）。

3-5

托嬰

挪威有五分之一的小孩是家中獨生子女，爸爸回家帶小孩的風氣在女權主義者的鼓動下日益蔓延，父親於是成了子女幼年時期最親密的玩伴。

❋ ✳ ✱ ❖ ✲ ✴ ✷

挪威社會提倡兩性平等，內容其實多半為了保障女人，好讓她們上班時沒有牽絆。基督教右翼團體長期遊說父母應該多留在家裡陪伴年幼子女，他們主要規勸對象當然是母親，為了家庭在外承受工作壓力，畢竟才是男人的本分。保守宗教團體期待母親們「重操舊業」，出發點雖然是來自傳統的兩性價值觀，但「奶爸」們是否真如想像中那樣可靠，本來就值得商權。

根據挪威官方統計，挪威兒童意外受傷的比例高居世界之冠，每年有六分之一的幼兒在家裡、學校或者公園受傷。發生率最頻繁的幾項家庭意外，包括：跌下樓梯、摔落床鋪，以及在濕滑的走道上滑倒。政府部門始終難以理解挪威小朋友意外連連的原因，這是一個父親居家照顧幼兒極為普遍的社會，於是有人懷疑那些笨手笨腳的爸爸們，應該是難辭其咎。

男人的本能就是逞強好勝、調皮搗蛋，這多少影響了他們的育兒觀，兒女身上出現幾道無傷大雅的傷口，對爸爸來說，有時不過是成長過程中無可避免的代價。男人經常本能地忽略許多潛在危險，不知沙發、衣櫥、餐桌、嬰兒床其實也可能危機四伏，更何況他們自己還很樂於向朋友解釋個人頭頂上自幼即有的疤痕，眉宇之間可以像是在描述某場戰役後留下的標記。

多子多孫的家庭結構改變，造成挪威有五分之一的小孩是家中獨生子女，爸爸回家帶小孩的風氣在女權主義者的鼓動下日益蔓延，父親於是成了子

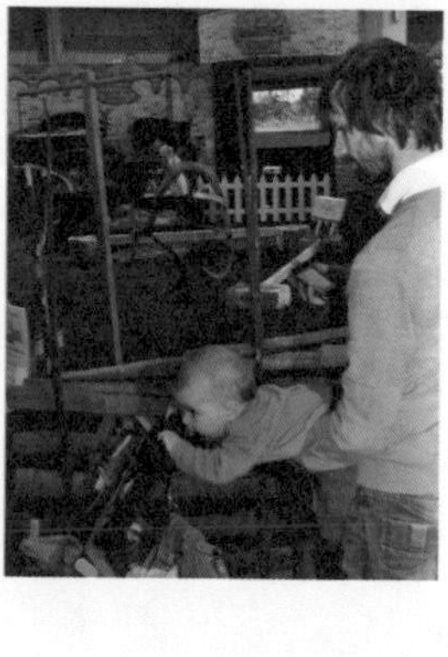

◣ 男人的本能就是逞強好勝、調皮搗蛋，這多少影響了他們的育兒觀。

女幼年時期最親密的玩伴。以男人大而化之、無畏涉險的天性，小孩交到他們手上，似乎就等同於暴露在風險之中。

鄰居夫婦把三歲大小孩寄放我家，期約兩小時便來領回，我雖面有難色，卻也想測測自己的能耐，沒想到是誤判形勢，高估了彼此。小孩發現與我相處簡直無聊至極，我則左支右絀、黔驢技窮，只能把他交給電視，那不過是他出現後的第二十分鐘，接下來的時間，我們互不搭理對方，雙方幾度四目交會，空氣卻莫名地凝結。時間一到，鄰居準時將兒子帶走，當他們踏進家門抱起小孩的一刻，我正跪在地板上擦拭那位小野蠻人撒了一地的尿水……結局是他淚眼汪汪，渾身濕透跟著媽媽回家，我想我和鄰居之間已達成共識，就是下不為例。

因為優厚的育兒假和完善的托嬰制度，將子女寄人籬下的情況在挪威其實並不多見，這當然有賴父親一同加入戰局。挪威家庭是表現兩性平權的重要舞台，夫妻之間有不成文的輪班默契，本週六晚上丈夫和死黨在酒館裡喝得渾然忘我，下個週末就得換他待在家裡照顧小孩，改而恭送妻子出門和姊妹淘聚會狂歡；如此確保了夫妻擁有各自社交活動的權利，子女們

兒女身上出現幾道無傷大雅的傷口，對爸爸來說，有時不過是成長過程中無可避免的代價。

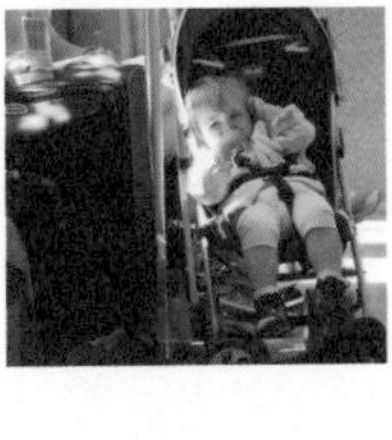

多子多孫的家庭結構改變，造成挪威有五分之一的小孩是家中獨生子女。

則隨時都有最親密的家人陪伴身邊。

挪威政府對於兒童居家照護的要求標準其實很高，不能動手體罰之外，父母親提供的生長環境，亦有一套法律規範必須依循。我起初不太確定挪威男人是如何通過帶小孩的考驗，當初短短兩個小時，就足已讓我精神崩潰。男人的智商不就該用來解決國家大事，難怪挪威小孩在家受傷事件層出不窮。

只是風土民情果真東西有別，挪威爸爸和子女相伴，除了玩耍娛樂，有相當程度是為了傳授他們往後獨立自主的本事。父子如膠似漆的日子頂多區區幾年，父親們根本沒有必要非把自己塑造成兒女不可或缺的守護者。挪威「奶爸」乍看之下也許和藹可親，但他們很清楚自己的責任之一，就是親近小孩，訓練獨立，然後任由他去。如果小孩是基於這個原因才容易弄傷手腳，倒也不足為奇。

住在挪威西南部大城史塔萬格（Stavanger）的一對印度移民夫婦，遭鄰居檢舉教養子女的方式嚴重違背挪威精神。挪威兒童福利局（CPS）進行評估後，發現確有其事，於是強行帶走他們分別為一歲和三歲的兒子，再委託給寄養機構照顧，直到他們十八歲成年才能和父母團圓，挪威法院也支持兒童福利局的決定。孤立無援下，這對夫婦轉而懇請印度政府出面，家庭育兒問題意外演變成一場外交事件。

一切導火線只因為鄰居發現這對東方夫妻竟然是用自己的雙手替兒子們餵食，而非使用刀叉，當地挪威人難以接受這種衛生習慣。另一項要命的原因則是一家四口同床而睡，觸犯這個國家人格獨立的養成要件（另擔心父母翻身壓傷小孩，甚至導致窒息）。印度人抓起食物以手就口，古老涵義是對食物表達尊敬，他們天生就覺得熱騰騰的菜飯儘管湯湯水水，用手吃還是比用刀叉美味；至於子女和父母睡在同一張床上，究竟有什麼好需要大驚小怪。

這個國家可以接受挪威爸爸把掉在地上的糖果塞回兒子口中，任由女兒鼻涕直流而後用自己的舌頭舔去，全身髒兮兮地在地鐵車廂內打滾，將手上餐具當成指揮棒，把桌子上下攪和得彷彿遭逢一場劫難，卻無法苟同印度夫婦養兒育女的苦心。

那對誤觸紅線的夫婦真是天大冤枉，挪威兒童福利局堅持依法行事，一且不符合挪威兒童生活環境標準，政府就得照規矩介入干預，官方立場十分明確，宣稱「無論如何，在任何情況下這個案子皆無涉及文化差異和誤會」。結局是小孩最後被送回印度交由他們的叔叔養育。挪威人有時頑固到近乎不通人情，一旦認定朝哪個方向走，就像踏上一條不歸路。印度夫婦的遭遇讓人感到荒謬不解，但這就是挪威社會鐵板一塊的特色。

嚴父慈母已成昨日黃花，取而代之是由前衛的兩性觀發揚光大，偶爾還真得歸功於他們在平權作風上的死腦筋。挪威男人一再受其蠱惑，放下手邊工作，回家沖洗奶瓶，「男性的迷思」看來就要走上解放之路。挪威保守人士堅不棄守男主外、女主內的社會，到頭來恐怕會是白忙一場。儘管男人帶小孩時總是粗心大意，我想只要他們和子女之間不是用手餵食、同床共枕，大概就不會有人認為今天仍非得媽媽在家坐鎮。

邊講手機，邊單手推車的挪威爸爸。

型男主廚

在挪威幾年生活下來，我經常被當地人問及「你做不做飯？」我屢屢誠實以對，且略顯得意地回答自有人代勞，卻愈加覺得自己在他們眼中仿若怪胎。

電影《震撼性教育》（*Roger Dodger*）票房差強人意，故事倒滿發人深省，它把男人骨子裡瞧不起女人的一面，藉由男主角羅傑在餐桌上大放厥詞發揮得淋漓盡致。

男人天賦異稟，做菜似乎也該要以男人為師。

挪威市區的米其林級餐廳。

男性友人：「我妹妹真該學會看地鐵的地圖。」

羅傑：「看地圖和航海一樣，都是男人與生俱來的天賦，它讓我們成為有用的人，你實在不該期待女人懂這些事？」

女性友人：「閣下的意思是我們女人沒有方向感？」

羅傑：「不信的話，就請妳別四下張望，以直覺告訴我哪個位置會是北方？」

女性友人：「……」

羅傑：「好吧，讓我來告訴妳，北邊就在妳後頭。」

男性友人：「他是對的。」

羅傑：「為什麼我們會有這種能力？正因為女人在人類的演化史中長期依賴男人，讓男人得以透過不斷的磨練，使自己這方面的技巧更加成熟，從而阻止了男人原本必然的退化。」

男人的內心世界，多少存在和羅傑如出一轍的性別演化論。例如家就像樹上的一座鳥巢，沒有足夠空間同時容納兩隻鳥；所以必須一隻待巢裡，一隻在外頭張羅生計；基於男人天生能力比較強，且是兼具智慧與體能的硬漢，理所當然不應該把精力埋沒在巢穴之中。時至今日，我們也許稍微收斂了經常把女人當笨蛋的心理，但不表示已把上述羅傑那些說詞列為狗屁不通。

至於「下廚」這件事，我相信多數家庭仍理所當然將它歸於女性活動，就像看地圖就非得問男人不可。夫妻同一屋簷下各司其職、互有分工的模式由來已久，挪威當代的男人、女人卻經常出現撈過界的現象，女人會帶上羅盤開船出海，男人也一個個窩在家中廚房切菜搗蒜。身為「男主外、女主內」的擁護者，一定會批評這成何體統，更何況並非每個男人都是傑米．奧立佛（Jamie Oliver）（*1），有能力把與青菜蘿蔔為伍轉換為一種男性時尚。

世界各地許多五星級餐廳清一色皆由男人掌控，證明男人天賦異稟，做菜似乎也該要以男人為師；奧立佛周遊列國，把從各國蒐羅來的風味菜餚收列為精裝食譜，將「吃」昇華到可供人欣賞的藝術品。挪威也有如此奇人，赫斯特倫（Eyvind Hellstrøm）以米其林級的地位享譽歐洲，而凡是由納斯（Terje Ness）掌廚的餐廳，就是「高檔」的代名詞。這幾位都是不折

⸌ 挪威男人常以做飯為樂。

⸌ 世界各地許多五星級餐廳清一色皆由男人掌控。

不扣的男人，包括他們，全球名號響噹噹的男廚名單可以列出一長串。

我們歌頌這些大廚，無非是他們竟然把本該留給女人的戰場，裝潢成讓自己名利雙收的舞台，它的性質已發展為「巢穴外的事」。家裡面為了三餐忙碌不休的小火爐，無須懷疑，握柄仍是擺在女人掌上。同樣是拿著鍋子、鏟子，男人可把自己推上功成名就；女人就只懂得默默在油煙瀰漫之中，把自己弄成了個蓬頭垢面的煮飯婆；你說男人是不是很偉大？

只是挪威家庭果然再一次和傳統社會期待背道而馳，挪威男人十分樂於和妻子一同擠在廚房裡享受你切我煮的生活情趣，偶爾秀個兩手倒也不失男人味；偏偏他們已把回家做飯當做例行家事。這幾年有幸結識遠嫁挪威的台灣媳婦，絕大多數她們的另一半皆可稱得上居家型男主廚。挪威男人自小就從學校接觸烹飪課程，相當有助於他們及早認清現實，長大後別只想把鍋子交到太太手中。

假如不是為了開餐廳或者追隨名廚腳步，一個男人開始在家學做飯，我總以為是另有所圖。有一歐洲網站專門指點女孩如何判斷男方是否打算和妳認真交往，觀察指標之一，就是這名男士最終有沒有邀請妳品嚐他親手

男人總以為女人永遠學不會看地圖這件事。（翻拍自 Nordea 銀行廣告）

料理的晚餐，若有此舉，意味著愛情萌芽。而我相信，縱使兩人日後永浴愛河，妳的男人還燒不燒菜，將是另一回事。

此類觀察技巧在這詭異的國度可能已行不通，畢竟挪威男人下廚，很多時候不過是為填飽自己肚子。幾年生活下來，我經常被當地人問及「你做不做飯？」我屢屢誠實以對，且略顯得意地回答自有人代勞，卻愈加覺得自己在他們眼中仿若怪胎。挪威人把先生在家做飯當做兩性平權的一環，早就習以為常廚房裡的烤盤是端在丈夫手上；至於長期盤旋在我腦海裡的，則是對「君子遠庖廚」揮之不去的刻意誤解。

挪威家庭由丈夫負責做飯理所當然，男人上場，通常不會是臨時起意，只為滿足表演慾望，或者藉由調配色香味俱全的菜單打發時間。他們就像女人張羅全家晚餐，多少還得顧及營養均衡，而非純粹為了休閒娛樂，或者將它當做一場解悶的遊戲。我知道很多男人即使燒得一手好菜，仍難免不脫這種心理，但在挪威，我相信「回家做飯」已非女人特有的象徵。

經過多年茶來伸手、飯來張口，我終於獻上第一道菜：「馬鈴薯配煎鮭魚」。我不確定是在什麼樣的心境下做了這番突破，事後回想，社會氣氛果然可怕，當參加男人間的聚會像是誤闖一堂乏味的烹飪課，插不上嘴的滋味，並不下於對某起政治事件無知到啞口無言。日後我持續一段時間負責籌備家中晚餐，但經常不假思索只圖方便，於是就地取材，一切省事優先，結果菜色日益精簡，直到端出來的東西自己都食不下嚥，才發現男人即使分辨得出東西南北，也不等同於他就會是個料理天才。

《震撼性教育》裡的羅傑最終承認，即使伶牙俐齒、聰明過人，男人也不見得能操控女人於股掌之間，女人複雜的程度遠超過男人所理解。我則從做菜的經驗中得出，廚房裡不光是柴米油鹽，它還含括了物理、化學、數學、邏輯、美術和品味。如羅傑一般的男人，向來認定關於這些領域女人無一俱足，她們卻有辦法為了家人的三餐，在廚房耗掉大半人生。一再迴避煎煮炒炸的男人，確實有必要恭敬地解決餐桌上每一道菜。

德國納粹政府曾發布擇偶十誡，其中一條是「身為日耳曼人，應以日耳曼人或北歐民族做為配偶」。當時以北歐民族為條件，看重的即是斯堪地納維亞半島人明眸皓齒、身強體壯，有利優生學，充滿種族主義的訓示的確荒謬，半世紀後已無人舊事重提。但我相信今天的挪威男人對德國女人來說一樣具有吸引力，卻已非為了外型，而是廚藝。

*1：傑米．奧立佛不但開設連鎖餐廳，還創立基金會，專門訓練弱勢年輕人成為廚師。他的外型俊俏，出版過多本食譜，是英國知名型男主廚。

3-7 父親大人

隨著女權運動的發展，男人多少深受女人家感染，今天約略也懂得操持家務和拉拔小孩，差別在於挪威男人並非只是蜻蜓點水。

愛爾蘭《憲法》第四十一條：「國家必須確保母親不會為了『經濟上的必要性』，在出外工作時忽略了她的家庭責任。」立法初衷，當然是為了提醒母親別在子女的成長過程中缺席，話說回來，爸爸又是做什麼用的？

這套規範當年想必是由男人所立下，二十世紀初婦女解放運動方興未艾，

穿著傳統服飾的愛爾蘭男人。

不少歐洲國家以推動傳統家庭價值做為反制，目的就是要把女人拉回家裡。他們偶爾透過宗教團體進行道德勸說，要求男人拿出男子氣概整頓社會風氣，畢竟女人開始出門上班、賺錢養家、還抽菸、穿褲子、要求性自主，行為舉止愈來愈像男人，怎麼可能會是個好媽媽？

其實問題可能是出在沒人相信男人也可以和女人一樣，成為心思細膩的好爸爸。母親懷胎十月，產後哺乳，這些生理上的優勢，讓她們比男人更早和子女建立血濃於水的親情，似乎想當然耳會比爸爸更在乎小孩之後每一時期的成長，更何況在衣櫥裡偷藏《花花公子》（*Playboy*）或者「A片」這檔事，媽媽可幹不出來。

社會學家發現，美國父親比北歐父親的角色更為重要，因為他們身負家庭財務穩定的重責大任，這反映了傳統父親的定義，原來有時比較像棵「搖錢樹」。由於北歐社會福利健全，養兒育女的工作很多已由政府代勞，早年母親的重擔因而如釋重負，行有餘力也有機會向外追求自我。男人則不再是家庭唯一的保護者，地位甚且江河日下，挪威子女成年之後，直接稱父親大名者所在多有，一旦母親從眼前經過，則依然畢恭畢敬還得叫一聲媽媽。男人以一家之主身分呼風喚雨的年代已經過去，不若愛爾蘭男人的地位，竟還有《憲法》撐腰。好在挪威爸爸們都很懂得與時俱進，既然這個國家已不時興維京時期孔武有力的男子漢，何不乾脆加入妻子兒女的陣營。

終於商定日期，我搭乘火車前往奧斯陸西南方的達爾門市（Drammen），慎重其事拜訪妮可一家人。這位遠嫁挪威的台灣媽媽正懷胎三月，先生魯尼外型粗獷但個性溫和，他們三歲大的女兒蘇菲亞見我來訪，害羞地躲到魯尼身後，妮可則在廚房裡大顯身手，準備招待一頓豐盛晚餐。就像其他我所熟悉的挪威家庭，身為父親，魯尼以超乎男人該有的耐性，在等待晚餐上桌這段時間，始終和顏悅色陪著不太受控制的女兒讀書、畫畫，那是他每天下班回家後和女兒之間的「quality time」，妮可邊拿著鍋鏟邊抱怨：「只要他們玩在一起，我就好像隱形人。」

我早有耳聞魯尼疼愛女兒的故事，首度親臨見識，和朋友間口耳相傳相去不遠。母親負責照顧小孩，父親負責照顧妻子並養活一家老小，這套遊戲規則一度是北歐好父親的模範。持有這番論調的人，通常一併認定父代母職代表兩性功能發生嚴重缺失，因為那違逆了男人只有在叢林裡才能發揮所長的本性；今天此等說詞，應該已淪為無稽之談。

　隨著女權運動的發展，男人多少深受女人家感染，今天約略也懂得操持家務和拉拔小孩，差別在於挪威男人並非只是蜻蜓點水。餐桌上我輕聲恭喜魯尼再度喜獲麟兒，魯尼大聲地回以：「這個祕密已經解禁，謝謝你的祝福。」妮可懷孕之初，魯尼並沒有讓蘇菲亞第一時間知道這個消息，原因竟然是體貼女兒，不想她經歷太漫長的等待。

　妮可和魯尼兩人曾經有過一段對話。

妮可：「你對女兒實在是保護過頭。」

魯尼：「這是我的責任。」

妮可：「你的什麼責任？」

魯尼：「身為父親的責任。」

　關於夫妻之間這類爭論我並不陌生，只是過去在我所認識的人當中，當男人端出「身為父親的責任」時，不是為了教訓兒子不得不長篇大論找藉口，就是準備以藤條伺候。

挪威父親多數具備慈父的形象。

當我擔心鑽到桌子底下玩耍的蘇菲亞可能撞傷了頭，魯尼卻說：「安啦，那裡是她的度假小木屋。」當妮可忙著做晚餐，蘇菲亞卻不明所以在客廳調皮搗蛋時，魯尼的反應是：「她只是肚子餓了，需要宣洩的窗口。」每每蘇菲亞又鬧脾氣不肯好好穿衣出門，魯尼從不動怒，既不威脅也不糾正，倒也不是放任不管，他說：「我必須給她一點時間，讓她調整自己的情緒。」我漸漸能夠理解，何以挪威爸爸們需要花那麼多時間在自己小孩身上，他們有絕佳的耐性和子女講道理，但也懂得什麼時候不光是需要講道理。

他是如何辦到隨時洞悉三歲女兒的心境，氣定神閒、不慍不火地與之共處？假如魯尼所言皆是經驗累積，那麼兩性專家警告「充滿性別歧視的大男人，最終傷害的還是男人」就可能會是關鍵，「因為那種偏狹的觀念，將讓男人日益喪失照顧他人的能力，以及不再對人事物具備纖細的感受。」

相較於我們的風俗傳統，經常把父親視為人生的導師，又或者應該說一旦當上父親，就會染上一種突然上知天文、下知地理的自信，卻忽略自己可能欠缺一顆如媽媽般敏銳的心的事實。挪威男人似乎比較不精於說教，

挪威父親花很多時間與孩子相處。

他們把時間投入在親職上，很多時候只視個人為子女某個階段的夥伴，他們不給答案，而是教子女找答案，勇於表達愛，共同參與小孩的成長。「全能的父親」，早已乏人問津。

挪威小孩獨立性強，幼年時期也未必都愛黏著父母，我想多少和爸爸陪伴長大有關。挪威父親縱有慈愛的一面，卻不會在你跌倒時立刻將你攙扶起來，或者時時刻刻抹去你臉上的泥巴，他們自有一套育兒之道，包括容忍自己兒子髒兮兮的模樣。挪威人多數十八歲成年後就離家自主，甚至不再接受父母親的金錢支援，上了大學十之八九是靠打工、貸款謀得生活費，此時父親的角色更像是朋友。

每年十一月的第二個星期日是挪威父親節，如同世界各地多數國家，它在當地也未如母親節那樣受到普遍重視。這麼說來，我不確定應該是要欣慰挪威男人終究沒被當成婆婆媽媽的女人，還是說他們儘管如此低聲下氣扮演新時代的好父親，竟然還達不到可資歌功頌德的標準。

3-8

男人的眼淚

男人本來就只有在工作之中才能感到如魚得水，假使社會氣氛和法律制度一味把他們往家庭裡送，就得有心理準備迎接他們在你面前落淚的身影……

如果世界上真有所謂男人的戒律，「不輕易掉眼淚」必是其中之一。歐洲維多利亞時期把「哭泣」視為女性專有美德，象徵溫柔、慈愛、順從與纖弱，因此淚眼婆娑並不適合發生在男人身上。藉由氛圍強大的穿透力，男人們從此被塑造成一顆擠不出眼淚的石頭，直到今天情況才稍有改觀。

遠自古希臘時代，歐洲人就不鼓勵男人當眾潸然淚下，唯有親人、同袍死去，男人才有資格流下淚水，但最好還是一個人躲起來哭。荷馬史詩中的英雄人物奧德休斯攻下特洛伊城，返回家鄉途中遭逢多方威脅和苦難，但他屢仆屢起，在所率領的戰士們面前，總是盡可能掩藏住淚水，或者在四下無人時才獨自拭淚。奧德休斯的表現，正足以同時滿足有血有淚的人性和勇者風範的氣質，假如故事是描述他凡事動輒當眾嚎啕大哭，他所代表的可能就會是另一種形象。

北歐神話裡最勇猛的角色則是貝武夫，他可以面無懼色和怪獸扭打成一團，但一樣會哭。不過，歸結起來，這些古老傳說裡的大男人，眼淚皆是基於戰爭、和平和理想而流，也就是他們的眼淚也必然是偉大的；只有女人才會為了個人的悲傷、不幸和一時的挫折於人前啜泣。《舊約聖經》中記載，男人準備出征戰鬥前，會把「哭」當做向上帝禱告的儀式之一，即使是耶穌也會有眼淚，但因為祂哭泣的動機恢弘大度，所幸並未損及基督該有的神性。

向外人坦承自己哭泣對挪威男人來說還是有點困難。

⫸ 古老北歐神話裡的男人皆是有淚不輕彈。

男人的哭聲，在浪漫主義興起的年代，曾一度被視為是真誠、正直的證明，同時也是文學和藝術經常引用的元素，但我想或許是因為每每提及男人掉眼淚的過程，總是出於什麼了不起的情節；缺乏崇高理由的眼淚，終究無法跳脫脆弱的象徵。近代挪威男人，便深受男兒有淚不輕彈的社會氣氛所影響，他們也許早懂得柔情似水，會對著小女兒肉麻兮兮地說：「寶貝，外頭陽光和煦，我們趕緊出門，把自己曬得像暖烘烘的衣服一樣好嗎？」但不表示他們已有足夠勇氣，在女兒獻上一首歌、一支舞時，放開心胸當著其他家長面前感動得一把鼻涕一把眼淚。

挪威男人給人普遍的印象是沉鬱、安靜且不擅社交，他們和德國人同樣長期接收「哭是可恥的」的訊息，很可能因此才過度壓抑自己的情緒；否則，墨西哥男人愛哭、義大利男人愛哭、愛爾蘭男人愛哭，何以他們確實都比挪威男人更容易親近。在不能輕易掉淚的世界裡，男人習於掩飾自己的喜怒哀樂，久而久之便遺忘濕潤眼球也是一種生理需求，「哭」讓人看起來軟弱可欺，挪威男人的腦神經反射，多少還是存有這種警覺。

美國作家貝雷特・馬凱（Brett McKay）自二〇〇九年起，出版了一系列教導男人如何像個男人的專書，他列舉男人的七種美德，包括男子氣概、勇氣、工作、決斷力、自力更生、紀律和榮譽。論及哭泣，他並不反對男人偶爾可有真情流露的一面，但也特別提醒男人，在電影院裡看《搶救雷恩大兵》和《春風化雨》時可以哭，看《小婦人》或《鬼馬小精靈》時，則千萬別滾下兩行淚。

男人哭泣與否，看來還得講究時機和場合，光以貝雷特·馬凱的建議，似乎不容易拿捏。有時這就如同男人被要求彬彬有禮，稍有過頭卻會被說成是個軟腳蝦；被教育要謙沖自牧，但若真無半點功成名就，又會被看做胸無大志。同一件事發生在男人身上，在鼓勵哭和約束哭之間，難免自相矛盾，到頭來我想乾脆少哭為妙。男人的腦袋裡早就被植入關於眼淚的負面印象，一如大人斥責哭個不停的小男生：「男孩子不可以這麼愛哭，如果你再這樣哭哭啼啼下去，小心等一下讓你哭個夠！」據此更加深了男人日後對「哭」的排斥和恐懼。

男人本來就只有在工作之中才能感到如魚得水，假如社會氣氛和法律制度一味把他們往家庭裡送，就得有心理準備迎接他們在你面前落淚的身影。

當父親長期陪伴子女左右，投入的心思甚至比起母親有過之而無不及時，他們的情緒遲早有一天會變得和女人一般敏感，若還要求他們不該輕易掉淚，恐怕是強人所難。

不少反女性主義者把新時代的社會危機歸咎於男人全染上了「娘娘腔」的個性，因為這樣的發展，已傷及男人天賦的領導力，到時候大家哭成一團，誰又能做出果敢、堅毅的決定？更何況依照人類的天性，男人的自尊心強烈且脆弱，女人則需要疼愛且容易受傷，何不就安於現狀，各司其職？男人若遭女人同化，人前人後開心也哭、難過也哭，溫柔的外表最終將淹沒他們與生俱來的侵略性，長此以往，難保他們再也不敢正視敵人，結果就是拱手讓出英雄本色。

一名年近六十的挪威男人寫信給美國兩性專家，自承從小就被灌輸哭泣的男孩會受人輕蔑，因此活了一把年紀，只記得五歲替叔叔守靈時哭過一次，往後他盡可能不讓臉頰上出現淚水。他得到的答覆是，這麼做完全無益於身體健康，而且還會阻礙細胞新陳代謝，成為未來病痛的根源。我們其實並不缺這類的健康常識，但攸關社會期待，男人依舊習慣性將衝至眼

挪威男人給人普遍的印象是沉鬱、安靜且不擅社交，他們和德國人同樣長期接收「哭是可恥的」的訊息。

角的淚珠倒流回去，為了眼前面子，誰還顧得了遙遠的健康問題。

在女權翻身、父親育兒假、新好爸爸推波助瀾下，新生代的挪威男人開始擺脫愛哭是罪惡的念頭。他們漸漸地會因為兒女重感冒、發高燒、不聽話而哭，會不由自主因為電影某一幕感人肺腑的情節而眼眶泛紅，或者為了生活上的無力感淚流滿面。哭泣的理由，再也不必懷抱任何偉大的理想情操。不過，我很清楚感受到他們對於「哭」這件事仍有掙扎，至少還不到願意當眾示人的境界；畢竟我皆是靠太太們大方出賣自己老公，才得知他們曾為某起事件落淚的緣由。在我面前，這些挪威男人依舊武裝得「滴水不漏」，當然，只要男子氣概尚未遭腐蝕到無可挽回的地步，我必定也是以同樣的方式回敬他們。

3-9

野心不再

我始終懷疑，斯堪地納維亞半島追求男女平權的手段之一，其實是有計畫地在削弱男子氣概……

二〇一二年富比士（Forbes）全球富豪排行一共列出一千兩百二十六人，女性所占比例不到一成（一百〇四人），其中北歐首富是時裝品牌「Hennes & Mauritz」（H&M）的總裁帕爾森（Stefan Persson，名列全球第八），挪威則有六名企業家進榜，他們全都是男人。照馬克思的說法，誰控制了生產和工作，他就是社會上最有權力的人，由此可證，斯堪地納維亞半島今天依舊是亞當的天下。

挪威社會以打造兩性烏托邦世界為己任，早就不鼓勵男人要胸懷抱負賺大錢、做大事，而是不斷修法，竭盡所能想把男人關在家裡。舉國上下處心積慮要拆解男人手中的權杖，父親陪產假、育兒假條件優厚，讓長期逃避家庭責任的男人有機會多多參與家庭生活，無非是要保障女人職場上的競爭條件，好終結她們在各個領域中受男人左右的不公平待遇。

七〇年代女權運動者相信，唯有懷孕、生子、照顧家庭等理由不再是她們也想成就自我的阻礙，女性在職場上受壓迫的事實才有辦法獲得改善。早年挪威女人同樣會為了兼顧家庭，失去加官晉爵的機會，私人企業對女性求職者更是望而生畏，直到挪威男人也恍然大悟請假帶小孩不光是媽媽的天職，陽盛陰衰的工作環境才出現轉機。

我和專門報導兩性議題的挪威記者古莉有過短暫餐敘，她對自己國家性別平等的要求顯然特別嚴苛，居然聲稱挪威距離兩性平權的目標還有很長的路要走。從投票權、生育權、墮胎權、教育權、同工同酬、產假保障、育兒津貼到反家庭暴力、性騷擾、性別歧視和性暴力，超過一世紀的鬥爭，外人眼裡的挪威戰果輝煌，女人徹底扳倒男人的一天指日可待，她們卻仍心懷不滿。事實證明，當每年富比士調查結果出爐，對照馬克思的真知灼見，的確又難以否認北歐女人的社經地位，還是屬於受宰制的一群。

假設有間每天營運二十四小時的工廠，一週開工七天，工人必須輪流休息，偶爾還得被迫加班，在傳統社會裡，受制於家庭、子女而分身乏術的女人，便很容易因為生產力不足的理由被請回家去；相反的，男人卻可以靠著「男主外、女主內」的社會期待，把教養子女的責任交給女人，自己全心投入工作，成為家中經濟支柱，據此成為一家之主。

但如果沒有女人在家操勞家務，他們又如何能夠在有後顧之憂下，待在外頭工作那麼長的時間？德國女權運動領袖級人物施瓦澤（Alice Schwarzer）主張把三月八日國際婦女節丟入歷史糞堆，反正它和當年東德的「全國軍民日」一樣毫無意義。女人的價值真的如此低廉，除了在這天收到來自丈夫的一束康乃馨、一杯咖啡、一張卡片、一頓晚餐聊表感謝，其它的三百六十多天難道都是白活？施瓦澤發言擲地有聲，正是為了女人

北歐首富是時裝品牌H&M的總裁帕爾森。（Stefan Persson 名列全球第八）

挪威酒店大亨 Petter Stordalen。（身價60億美金，富比士排名1015位）

在家默默犧牲奉獻，竟成就男人在外妄自尊大投以不平之鳴。

馬克思認為人與人之間的生產關係，決定了彼此如何運用時間和精力，資本家得以從中控制勞工階級，衍生而至，男人也是因此得以控制女人。挪威女權團體曾大舉借用馬克思思想，認定是父權體制助長了性別歧視，傳統的生產關係則是確保父權體制固若金湯的元凶。根深蒂固的文化，促成男人長期占有職場上的領導地位，女人若想取得和男人公平競爭的機會，唯有依循馬克思理論，破除階級不平等；新時代的挪威女人絕大多數是社會主義政黨的支持者，並不令人意外。這個國家伸張女權的方法，不僅是把女人推出家庭，拿回她們在職場上應有的工作權和升遷權，換句話說，還要把男人綁在家裡，且最有效的方法就就是打造「奶爸」。

我始終懷疑，斯堪地納維亞半島追求男女平權的手段之一，其實是有計畫地在削弱男子氣概，從縮短工時、鼓勵休假到延長父親育兒假，看似德澤廣布於男女的社會福利，卻足以讓男人不知不覺中開始耽溺於軟綿綿的家庭生活，一步步侵蝕他們在職場上圖求叱吒風雲的野心。

挪威每週平均工時為三十七點五小時，扣除週休二日，也就是每天工作

挪威男人不知不覺開始耽溺於軟綿綿的家庭生活，一步步侵蝕他們在職場上圖求叱吒風雲的野心。

七點五小時就可下班；法定加班以時薪計算，工資必須是原有時薪的兩倍，老闆當然不樂見員工經常加班；無論什麼職務只要工作任滿一年，員工在聖誕節、復活節假期之外，竟然還有長達五個星期的年假可以遊山玩水；再加上十二週的父親育兒假，一名初入職場，準備承擔養兒育女責任的年輕爸爸，換算接下來全年工作的時數，可能還不滿八個月。太太生第二胎時亦復如是，生得愈多，休假愈多。

男人本因身為全年無休的工作機器而偉大，如此一來，努力發揚以夫為尊的家庭觀念等於是前功盡棄，他們將不再兢兢業業保有爭名逐利的高昂鬥志，反而開始像個女人一樣，因為簡單的成就便輕易獲得滿足。富比士的富豪排名是美國資本主義社會的遊戲，進榜者皆是人類功成名就的標竿，挪威當地相關報導卻只例行公事地輕描淡寫，完全激發不起現代挪威男人起而效尤的熱情。

挪威的女權發展咄咄逼人，讓人無從招架，她們先切斷了個人生兒育女和婚姻之間必要的關聯，成功替自己贏得更多獨立自主的空間，再把子女身上無形的臍帶纏到男人腰際，藉此把男人從職場拖回家庭，接著對外宣告這就是和諧的兩性社會。渾然不知嚴重性的挪威男人卻傻呼呼地跟著附和，畢竟不必再埋頭苦幹工作，或者自詡為大樹一樣護佑全家老小，坦白說也不是件壞事。

兩性專家有言，當男人不再拚命工作，必然會開始自覺反省，意識到自己正是性別歧視的獲利者，接下來他們將痛改前非，導致依循父權體制運作的社會改頭換面，男人將被重新賦予一個以家庭為核心的新責任，他們一旦甘之如飴接手在家養兒育女的工作，傳統男性陽剛文化必將途窮日暮。強化男人家庭責任感，並以此稀釋男人在職場上的企圖心，挪威人如此後現代的生活方式，還真叫人不寒而慄。

Ch.4

沒有歧視的烏托邦社會？

挪威人確實不太精於利用女人的身體刺激消費，這和女權運動多年的改造教育息息相關，風行草偃，大概再也沒有人會受到女人的胸、臀所催眠，進而不由自主妄加消費。無論什麼樣的產品，都得有個袒胸露乳的女人在旁助陣，追根究柢，其中品味的確大有問題。

4-1

摩卡人

「我們不是清教徒，你當然可以裸體，但請用正確的方式表達其中的魅力與激情。」——奧莉芬（Sol Olving）女士。

* * * * * * *

挪威樂團「普朗波」（Plumbo）眾望所歸，如願贏得「Spellemannsprisen」（*1）音樂大獎，結果一句得意忘形的玩笑話，幾乎讓他們身敗名裂。主唱布克胡斯（Lars Erik Blokkhus）興沖沖上台致詞，竟對兩位頒獎人出言不遜：「你知道嗎？當我瞧見二位，我覺得我真該叫你們一聲摩卡人

（Møkkamann）。」現場觀眾噓聲四起，頒獎人隨即一臉正色拂袖而去。

「摩卡咖啡」（CafeMocha）是種結合巧克力、鮮奶油和牛奶組成的義大利濃縮咖啡，色調和黑人膚色相近，白人以「摩卡人」稱呼黑人，常有戲謔的意圖。布克胡斯口中的「摩卡人」，歧視意味更顯濃厚，它是普朗波樂團創作的歌曲名稱，內容主要描述所有壞男人驢頭蠢蛋的一面，因為挪威文裡的「摩卡」（Møkka）意指淫汙穢臭、垃圾或者糞便，「摩卡人」字面的解釋即是「爛男人」。當天兩位頒獎者剛好都是黑人，布克胡斯一語雙關，打歌不成，反演出了一則全場最低級的幽默。

任何形式的歧視皆為挪威社會所不容，挪威人卻明白得很，距離那樣的境界自己其實還差得遙遠；布克胡斯的口不擇言，不過是戳破了其中一張道貌岸然的假面具。挪威政府堅不廢除《褻瀆神明法》，就是為了保障在白人社會屈居弱勢的穆斯林移民；另有法律明文規定，任何對他人的種族、膚色、信仰或是性向，表現出歧視、蔑視及侮辱的行為都要受罰。規矩愈多，愈加透露此地無銀三百兩。

二〇〇三年，挪威跟進丹麥立法，要求凡是帶有性別歧視的商業廣告都得從這個國家消失。舉例言之，一名半裸的女人出現在沐浴乳產品廣告裡，或許無可非議，假設汽車商居然找來比基尼女郎負責推銷新款跑車，就可能因為違反《商業廣告性別歧視法》付出巨額罰款。

鄰國瑞典以言論自由之名，早已取消相關限制，但挪威廣告界牛耳奧莉芬（Sol Olving）女士仍為這項法令辯護有餘，強調「我們不是清教徒，你當然可以裸體，但請用正確的方式表達其中的魅力與激情」。挪威例行年度汽車大展（Automessen）在奧斯陸城外的列勒斯敦（Lillestrøm）舉辦，鬧哄哄的展場放眼望去，向來乏善可陳，完全不見穿著短裙、露出肚皮的妙齡少女，或坐或臥，在金光閃閃的車體邊上扠腰擺臀、搔首弄姿，任由身旁相機猛按快門，虎視眈眈捕捉走光。

丹麥某家男性內衣品牌曾推出一支廣告，畫面中的女護士神態迷濛躺在床上，並以男用內褲遮掩面頰，意味著她禁不住此款內衣散發的雄性魅力，竟在病房裡直接和病人發生關係；丹麥的護士們深覺受辱，群起攻之，廣告主不得不出面道歉了事。這起事件讓挪威女權運動者意識到性別汙染近在咫尺，此風勢不可長，於是緊盯政府立法約束。十年有成，挪威號稱風

假設汽車商找來比基尼女郎在新款跑車旁搔首弄姿，將違反挪威《商業廣告性別歧視法》。

氣開放，今天大街小巷以及家中電視廣告，竟能做到不以裸露為能事。

挪威以平等精神自居，我卻在這見識到布克胡斯之流的歧視和無禮，他讓我頗為訝異。同樣令人不可置信，居然會有體型壯碩的挪威女性國會議員收到民眾騷擾郵件，內容竟是：「難道妳不能找件更適合胖子穿的衣服嗎？」這個國家反歧視的成果或許足堪表率，但畢竟並非每個人都像天使一樣善良。

另一方面，處處顯露前衛觀感的文明社會，某些環節倒是採取了極為保守的作為，這才真出乎我意料之外。曾有挪威民眾撰文批評氾濫成災的進口漫畫嚴重汙辱女人，比方說劇中角色總是刻意強調誇張的胸型，非把女人全都描繪成擁有巨型胸脯才甘心，或者讓身材前凸後翹的女主角毫無意義地露出粉紅色丁字褲，乃至遭受外星人攻擊時，隱喻著性虐待女人的詭異情節。諸如此類的表現手法，曾伴隨其他國家許多小男生的心靈成長，這豈是值得北歐人民振筆疾書反對之事。

難道是我們誤解了北歐民族，總以為斯堪地納維亞半島上性觀念不拘小節，便滿城盡是香豔刺激的養眼看板，或者走在路上便唾手可得五花八門

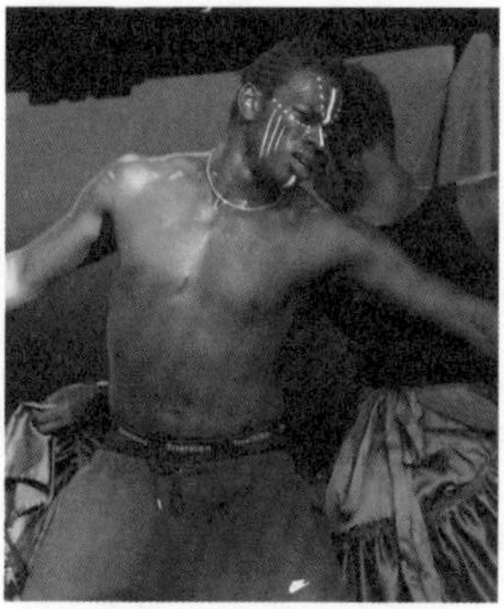

挪威文的摩卡人（Møkkamann），即是一語雙關的羞辱。

的A片和色情書刊。倫敦市區電話亭裡永遠貼滿不堪入目的黃色小廣告，阿姆斯特丹紅燈區的煙花柳巷俗豔至極，兩者挪威無不付之闕如，抱著大開眼界的心態遊歷此國，最終難免大失所望。

挪威人確實不太精於利用女人的身體刺激消費，這和女權運動多年的改造教育息息相關，風行草偃，大概再也沒有人會受到女人的胸、臀所催眠，進而不由自主妄加消費。無論什麼樣的產品，都得有個袒胸露乳的女人在旁助陣，追根究柢，其中品味的確大有問題。

挪威打擊性別歧視，藉由法律規範已獲得顯著改善，但它也有一如種族歧視的沉痾，使其未臻完美。例如單身未婚的男子，在挪威也難逃成為刻板印象的犧牲品。王國首都奧斯陸的租屋市場供不應求，房東挑選房客的過程直逼職場面試，他得詳查你的學經歷和工作所得，最好你能請到你的前任房東替你美言幾句。偏偏多數人認定單身漢總愛惹是生非，比起未婚女性，若無其他優勢條件，成功租賃的機會將相當渺茫。反觀單身女孩雖然容易獲得青睞，但如果妳有經常更換男友的惡習，很快地就會有住戶聯名要求妳識相點趕快搬家，只因為他們強烈懷疑妳可能在家賣淫。性別歧視若是出於偏見，期待它徹底消弭於無形將是難上加難。

漢娜康霍格（Mette Hanekamhaug）曾經是挪威最年輕的國會議員，當她這輩子首度踏進國會殿堂，前輩傳授給她的第一課卻是「要有心理準備面對接踵而來的電子郵件及簡訊騷擾」，其中主要是針對女性而來的侮辱，包含下流粗鄙的言詞以及噁心低俗的照片。羞辱成功的女人有時正是男人的劣根性，就像白人對有色人種的歧視，沒來由地就是想借題發揮一番，即使身在挪威，類似困擾也不可能完全倖免。所幸值得安慰，這裡的汽車展覽場裡，至少已不再需要引人遐思的比基尼女郎。

*1：有挪威葛萊美獎之稱，每年頒獎給挪威流行歌曲傑出表演者。普朗波樂團於二〇一二年獲獎。

4-2

Go Go Bar

挪威八卦媒體親身訪查，過去烏煙瘴氣的風化區確實是煥然一新，各國娼妓生意不僅大不如前，且紛紛南下轉往丹麥尋覓「商機」……

※ ＊ ＊ ❖ ✲ ＊ ＊

九〇年代窮困潦倒的俄羅斯女人，常為求生計不惜跋山涉水，橫跨國界到挪威北部農村賣淫。一名來自西非奈及利亞（Nigeria）的妓女，也甘願捨棄豔陽高照的義大利，在積雪三呎的挪威賺取皮肉錢。純粹在商言商，因為這裡一個星期的床上交易所得，可以抵得上她們在別的國家下海一整個月。

挪威國會議員托莉克森（Inga Marte Thorkildsen）想瞭解挪威男人四處尋花問柳的癖好，透過民間單位明查暗訪，回覆顯示有百分之十三的挪威成年男人曾經嫖妓，其中的百分之八十皆是趁國外出差機會，順道漁色獵豔。無論買春的行為是發生在國內還是國外，對象多半都是俄羅斯、愛沙尼亞、奈及利亞或者泰國等地婦女。挪威男人從不以北歐女人為目標，托莉克森要政府深入了解，釐清這當中存不存在助長種族歧視的問題。

女權團體長期以來自己內部就經常爭論不休，娼妓合法化究竟是為了伸張女權還是在糟蹋女人？是各取所需的身體自主？還是助長了男人的優越感，直到對自身的暴力行徑麻木不仁？二〇〇九年，挪威成為繼瑞典之後，第二個實施「罰嫖不罰娼」的歐洲國家，或許不失為一種阿Q式的折衝措施，女人可以為了環境所逼出賣肉體，但男人並不被允許消費埋單。根據聯合國報告，牽涉賣淫的人口販賣，是世界上僅次於毒品的第二大非法經濟，它提供了挪威一個以維護人權為出發點的冠冕堂皇理由，藉此打擊國內的性交易。

一間位於奧斯陸市中心的上空舞廳。

原屬於女權主張的分歧，之後演變成挪威政黨間的辯論，左派的工黨、社會左翼黨和中央黨站在杜絕人口販賣的立場，執意要處罰嫖客，最後得到誓言打造乾淨社會的基督教民主黨奧援，「罰嫖不罰娼」的法令在國會贏得了多數支持。法令實施一年，官方宣稱成績斐然，至少城市裡當街拉客的亂象已大幅改善；挪威八卦媒體親身訪查，過去烏煙瘴氣的風化區確實是煥然一新，各國娼妓生意不僅大不如前，且紛紛南下轉往丹麥尋覓「商機」。

過去一名妓女在挪威的月收入，平均可有兩萬五千挪威克朗（約台幣十三萬元），比起其他歐洲大都會燈紅酒綠的銷金窟，人口不過六十萬的奧斯陸，「錢」景十分看好。只是財源滾滾並非取決於市場需求龐大，而是拜當地特有高工資之賜，挪威男人的荷包深度以一當十。國際型的賣淫集團盯上這塊肥肉，不斷仲介他國女子到此掏金，盛極一時，舉凡野外露營車、平價旅館、高級飯店或者自宅，皆可是紙醉金迷、魚水交歡的溫柔鄉和英雄塚。

問題在於其他百分之八十七的挪威男人終究不好此道，結果是供過於求，造成情慾買賣供需失衡。一名遠從法國而來的性工作者在挪威報上大吐苦水，今天即使削價競爭，她竟然整整一個禮拜沒有任何生意上門。挪威報紙《每日雜誌》（*Dagbladet*）的分類廣告裡仍不乏環肥燕瘦的青樓女子，躺在床上輕鬆賺取高所得的黃金歲月卻已成過眼雲煙，今天不如找份粗活餬口還比較實際。挪威警方相信，「罰嫖不罰娼」也許真的發揮了點效果；但買春市場實在有限，應該才是煙花女大嘆不如歸去的主因。

挪威春色無邊的性產業每況愈下，幸賴脫衣舞孃固守城池，奧斯陸尚有多間情色酒吧（Go Go Bar）妝點門面，專以提供清涼啤酒和上空熱舞。裡頭人種五顏六色，表演不失精采絕倫，但多數挪威男人更喜歡擠在喧嘩嘈雜的小酒館，與人摩肩擦踵以致寸步難行，再藉三分醉意和良家婦女逢場作戲。

早年有亞洲生意人覬覦挪威人出手闊綽，異想天開想要在市中心經營一間以坐檯小姐為號召的東方酒店，現場還特別安裝了卡拉ＯＫ音響供客人娛樂。聲色犬馬偏偏水土不服，挪威男人酒後膽大包天，卻不諳摸大腿、捏小手這類吃豆腐的帝王遊戲；三月一覺揚州夢，開張不滿百天就因門可羅雀倒店關門。這種以穿著裸露、近乎脫衣陪酒的辛辣手法，果真閉月羞花、沉魚落雁，不恁也魂消，但就如同女權主義者所言，它正是「以情慾化的支配和其他附屬形式，展現出男人對女人的控制」。稍有兩性平權意識，左擁右抱之際，其實內心都會感到極不自在。脫衣舞孃或可稱為庸俗的表演，坐檯小姐渾身上下則是充滿卑屈服侍的味道，挪威男人想必是不知如何享受箇中滋味。

奧斯陸大學一名主修國際政治的研究生曾到台灣一遊，回國後豁然開朗，一舉棄學從商，放下國際政治的專業，在有奧斯陸蘇活區之稱的格蘭德盧卡（Grünerløkka）頂下一間河畔旁的藝品店。初生之犢雄心勃勃，他將店裡其中一隅規劃為KTV包廂，備以東風招攬客人，依照前車之鑑，假設他終究只採正派經營，也許還指日可待。

食色性也，挪威人並非以清高自居，所有現代化城市裡光怪陸離的醜陋現象，這裡也經常時有所聞，舉凡無聊男子赤裸下半身、駕著車子一邊欣賞色情光碟而遭警察開單的蠢事、乃至變態政客偷拍小男生入浴鏡頭最終葬送個人政治生命，同樣都會是社會事件的要聞，但至少你無須成天被不

挪威報紙《每日雜誌》（*Dagbladet*）的分類廣告裡仍不乏環肥燕瘦的青樓女子。

明所以的「癡漢」「爆乳」「露點」「XX妹」「事業線」（形容女人的乳溝）等俗不可耐的字眼疲勞轟炸。這些充滿性別歧視的感官描述，氾濫到已無關事件本身，而是淪為廉價的調味品，終究只是在教導男人如何惡待女人。

置身於一個號稱性愛開放的國度，你居然十分慶幸，個人的日常生活終於能擺脫那些不斷被反覆複製和強化的低級用語，多數人誤以為此地是春城無處不飛花，嫖客的極樂世界，否則至少也是性產業的溫床，但那不過是對「開放」兩字的過度想像罷了。

奧斯陸一間標榜異國情調的脫衣酒吧廣告傳單。

4-3

七大守則

男女間的歧視其實是日積月累、耳濡目染養成，有時候是在源頭就出了問題……自從人類發明利用超音波科技預先知道胎兒性別，至少已平白讓一億一千七百萬名女嬰消失於地球上。

和挪威女人共事，請注意以下七大守則：

1、她們的商業談判技巧純熟且有效率，不可掉以輕心。

2、職場上請以男人的標準對待她們，一旦受到歧視，她們絕對不會忍氣吞聲。和她們做生意，你的言行舉止若有任何不禮貌的行為，接下來的合作注定失敗。

3、挪威女人習慣直來直往，工作上若有任何問題，請對她們有話直說。

4、向挪威女人自我介紹時，請以握手致意，並把目光對準她們的眼睛，直到對方告訴你她的大名。

5、受邀晚宴或餐會，請為女主人準備一份禮物，可以是一束鮮花、一瓶酒或一盒糖果。切忌送上只有在喪禮中才會派上用場的白色花束。

6、如果你是老闆，請給女職員同樣的薪資水準、在職訓練和升遷機會。

7、提供她們足夠的產假。

這是英國專業問答網站「eHow」的叮嚀囑咐，任何疑難雜症它都有不同領域的專家替你解惑，它同時提醒我們：挪威女人皆受過良好的教育且受到高度尊重；挪威女人在企業界和商場上占有重要地位；和世界各地婦女一樣，為了維持家庭與事業間的平衡，她們長期奮鬥不懈；在挪威女人面前，最重要的是注意禮貌和相互尊重。

挪威史上第一位女總理葛倫．布蘭特倫（Gro Harlem Brundtland）於一九九六年卸任，兩年後又被推選為世界衛生組織（ＷＨＯ）總幹事，她是挪威「女力時代」來臨的象徵，雖然她是因為環保專業才在國際間大放異彩，但對歐洲女權運動發展，仍有推波助瀾的貢獻。在位時她曾信誓旦旦：「挪威將成為全世界追求性別平等的領航者，並且激勵各方起而效尤。」老一輩挪威女人一度拿自己的處境和華沙、開普敦或者新德里的婦女相比，以此即顯欣慰滿足；布蘭特倫則告訴大家，挪威女人的社經地位，應該是要和挪威男人一較高下。挪威婦女同胞備受啟蒙，於是劍及履及，迫不及待要在職場上和男人並駕齊驅，且有一舉凌駕之勢，但她們未必認為自己是在「爭取」女權，因為那不過是拿回原本就屬於自己的東西而已。

二十一世紀的英國國會立下新法，未來大不列顛王位的繼承依據，不再只以長子為先，王后的第一胎雖然是個女娃，同樣可以第一順位稱王。繼承王位先男後女的傳統足以追溯三百年以上，會有這番變革，正是受現代女權主義的感染所催生。挪威王室嫡長子繼承的法律，則早於一九九〇年就修改為嫡長女也一體適用。

男女間的歧視其實是日積月累、耳濡目染養成，有時候是在源頭就出

和挪威女人共事有七大守則。

↘ 男女性別造成的行為差異，在挪威社會已日益縮小。

了問題。根據聯合國人口基金會（UN Population Fund）調查（二〇一一年），自從人類發明利用超音波科技預先知道胎兒性別，至少已平白讓一億一千七百萬名女嬰消失於地球上。「屠殺」女胎最嚴重的地區是亞洲的中國和印度，重男輕女的觀念導致世界人口性別比例嚴重扭曲。偏愛兒子無非是為了繼承財產和較有生產力等迷障作祟，儘管「將來男人會娶不到老婆」的警告言之鑿鑿，苦口婆心終究也是徒勞無功。

我大概可以理解，為什麼挪威父母不太時興在媽媽懷孕期間，便急著透過儀器先一步知道寶寶是男生還是女生，反而喜歡留待嬰兒呱呱墜地的一剎那，才享受弄璋、弄瓦的驚喜。他們認為實踐男女平等的第一個步驟，就是對肚子裡嬰兒的性別表現出一副滿不在乎的態度，爸媽早從懷胎十月就已展開胎教，應該是有助於子女們日後學習和異性平等共處。

在墮胎合法化的挪威，一名印度婦人卻被指控非法流產，原因在於當她得知腹中胎兒是個女生，竟立刻要求奧斯陸醫院為她進行墮胎手術。挪威衛生單位接獲通報，特此警告那些來自重男輕女社會的外國移民，「基於性別選擇的人工流產將是違法行為」。挪威婦產科醫生通常不鼓勵孕婦詢問胎兒性別，有時還會刻意消極以對，否則就是拿模稜兩可的答案應付你，偶爾被道貌岸然的醫生教訓兩句也只能自認倒楣。他們生兒育女的觀念和亞洲文化想法經常南轅北轍，挪威女人懷孕期間照樣會拿著鐵槌敲敲打打，生產後隔天就洗澡、喝冰水，當然也不坐月子。

男女性別造成的行為差異，在挪威社會已日益縮小，大概只有英國人需要條列守則，特別教育英國紳士們如何對待挪威女人，挪威男人倒是很習於把女人視為平起平坐的同類。住在奧斯陸西南方城鎮康士堡（Kongsberg）的拉斯打算翻修房子，除了有朋友幫忙，每天下班回家後自己也得充當木工，這不光是需要男人們彼此合作無間，拉斯的太太妮可（不同於稍早提及的妮可）也得付出勞力共襄盛舉。來自台灣的妮可很快就入境隨俗，畢竟身處挪威，女人不可能袖手旁觀，被動等待坐享其成。

翻修工程浩大幾乎等於是蓋了間新房子，完工前我有幸造訪，見識了妮可如何在工地裡爬上爬下。原本我認為大概只有男人分得清房子裡的管線、格局、空間、方位、材料和尺寸，妮可卻也能如數家珍。猶記得莉拉（奧斯陸商會成員[Oslo chamber of commerce]）（*1）在場飯局上得意洋洋地告訴我，家裡修水管、釘木牆、造陽台的重任都是由她負責，先生反而只會偶爾換換燈泡，那時我半信半疑，何況身為男人的我，還曾為了家中洗碗機漏水搞得灰頭土臉。如今受氛圍所染的妮可尚且如此，莉拉這位道地挪威女人自當所言不假。挪威人平均每十年會大舉整修房舍，正常情況下，無分粗活細軟皆是男女分工，「共同打造一個家」不再只是抽象的形容。

英國人羅列的「和挪威女人共事七大守則」坦白說頗為實用，依照個人經驗，挪威女人果真不卑不亢，有必要恭敬以對。二〇一一年，美國籍的滑冰運動教練米勒（Peter Mueller）遭挪威滑冰協會解雇，原因無非挪威女選手指控他出言不遜，語彙下流。據傳他在和選手共進晚餐時，自鳴得意講了個美式黃色笑話，從此就被踢出挪威體育界，「一九七六年冬季奧運男子速滑金牌得主」的頭銜也救不了他。在挪威，男人違反了那七條守則，唯一下場就是活該滾蛋。

*1：奧斯陸私營的獨立商業服務組織，主要協助挪威企業建立跨國業務關係，該會會員有兩百五十餘人。

4.4 Big Girl

或許應該在服裝廣告下方附上一道警語：「照片中模特兒的身材已經由電腦美化。」

挪威國會議員克莉斯汀（Jette F. Christensen）在一支音樂影片中跨刀獻舞，鏡頭裡她婀娜多姿、風情萬種，和平常工作形象大相逕庭。原本大家以為唯有小鳥依人的「政壇漂亮寶貝」才有機會涉足演藝圈，光看克莉斯汀擔綱演出的歌曲名稱竟是〈大女孩〉（Big Girl），我們便不難想見她其

斯堪地維納半島型男。

實是個體態豐腴的女人。

這首歌是挪威新興樂團「空瓶子破碎的心」（Empty Bottles Broken Hearts）的作品，克莉斯汀從政之前在挪威西部城市卑爾根（Bergen）結識了這群人，當上國會議員後，她積極扶植本土藝術家，友情客串粉墨登場，也是她兩肋插刀的方式之一。關鍵在於樂團成員似乎並不擔心女議員臃腫的外貌有礙唱片發行，畢竟本世紀的審美觀念，皆以女人骨瘦如柴做為窈窕淑女的象徵。

挪威男性雜誌《男人》（*Mann*）每隔一段時間就會開放讀者票選最性感的挪威女人，二〇一一年，擁有三十萬忠實讀者的部落客米菈（Linnea Myhre）雀屏中選。米菈倒是相當吻合男性思維樹立的標準，雖然稱不上前凸後翹，卻也脣紅齒白，骨感纖細撩人，但她並非單靠賣弄風騷和性感才廣受青睞。特立獨行，略帶孤高冷峻的姿態，或許才是她迷人的主因。米菈之前的一位性感女神得主則十分自豪個人的娉婷柳腰，還大方上網秀出渾身排骨的比基尼豔照，結果遭到挪威營養專家撻伐，直指她根本是飲食失調。

二〇一一年年底挪威暴發「牛油危機」，專家懷疑自從引進「高脂低碳水化合物」減肥法後，材料來源之一的本地牛油便出現供不應求的現象。事後證明，舉國上下買不到牛油的窘境純粹是政府農業政策失當，不該賴到胖女孩身上；深怕自己國家也染上「紙片人」病毒的挪威社會，非常欣慰女人減肥造成牛油短缺的推論只是虛驚一場。挪威連鎖健身中心「SATS」的廣告看板不以玲瓏有緻的模特兒為號召，而是找來一名梨型身材的女人當招牌，也許他們對肥胖也有畏懼，但靠運動健身，總好過過度節食、自我飢餓這類病態的瘦身捷徑。

儘管國會議員克莉斯汀帶頭示範胖女人也有資格拍攝音樂影片，但身為地球村的一員，挪威並無法完全自外於普世的美感角度。首先遭攻陷的就是街頭廣告，體態輕盈的服裝模特兒海報一旦布滿城裡大街小巷，瘦女人才是漂亮的價值觀自然不言而喻。政府單位驚覺事態嚴重，全國各地明明同時存在高矮胖瘦不一的女人，由單獨一種類型鶴立雞群，將和標榜人皆生而平等的國家理念背道而馳。

挪威兒童暨平等部部長神來一筆，出面和廣告主協商，建議不妨在瘦女

⫸ 挪威連鎖健身中心「SATS」的廣告看板不以玲瓏有緻的模特兒為號召，而是找來一名梨型身材的女人當招牌。

人當道的廣告看板下方，借取香菸外盒警語的經驗，也以清楚的標示，誠實告訴社會大眾「照片中模特兒的身材已經由電腦美化」。畫蛇添足的目的，就是希望能減輕女孩們為了追求模特兒般身材所產生的心理壓力。可惜潮流所趨，部長言者諄諄，廣告業者卻聽者藐藐。多數民眾其實也很懷疑附上警語的效果，不過這涉及社會核心價值，因此至少還有挪威左翼青年出面附和，他們長期反對經由潤飾以致失真的廣告。相對歐洲其他大城市，挪威「電腦美容」的模特兒尚不至氾濫成災，確實有賴一批人立場堅定，對搖曳生姿的女性軀體始終不為所動。

挪威女性雜誌《洋甘菊》比起《男人》當然更加懂得女人，它曾刊出一篇關於比基尼的專題報導，很清楚地是有意教育讀者，我們周遭並非只有一種身材的女人。雜誌內容依照女人的身型，區分為H型（圓胖）、A型（下半身較寬）和I型（比例均等），作者建議女人在挑選比基尼時，原則必須是各取所需，做妳自己。

每逢夏天，挪威的海灘、湖邊，甚至公園草地上身著比基尼曬太陽的女人，果然環肥燕瘦所在多有，任何對北歐女人所抱持的綺麗想像，都有可

挪威女性雜誌《洋甘菊》針對不同女人的身型介紹各款比基尼。

能在這一刻幻滅成空。但我相信生活在挪威，女人的壓力已相對減輕不少，那種時時刻刻得盯著自己身上脂肪，經常為了只有自己才能洞察的些微發福而歐斯底里，實在活得相當辛苦。

話說回來，當挪威女人努力想擺脫「唯瘦是美」的緊箍咒時，斯堪地納維亞的「型男標準」卻逐漸走向規格化，男人間不以為忤，且還樂在其中。當下男人被要求要有發達的二頭肌，不准有小腹，雪白的膚色也許太顯羸弱，最好能曬出古銅色澤。他們得花大把鈔票到健身房跑步、舉重，把個人的外觀型態雕塑成倒三角形：原來挪威男人並非天生如此，絕大多數皆靠後天養成。他們對自己的外貌要求愈來愈高，把自己的身型打點得像是要進軍影壇，運氣好還有助於日後求職。

若非奧斯陸大學學生拉斯（確實又是一個拉斯，這是挪威相當普遍的男性名字）在網路上留下一篇生活感言，感嘆自己不修邊幅的個性和道地挪威男人十分格格不入，我真以為挪威男人孔武有力的帥勁都是父母遺傳基因所致。拉斯和其他國家留學生交換挪威生存之道，竟然是奉勸男生們記得要經常修剪頭髮、亦步亦趨掌握時髦的打扮、鍛鍊好身體、把皮膚曬黑，盡可能讓自己的外貌符合現代挪威男人的標準，否則很容易被人看扁。拉斯的八字箴言是：「身著華服，通行無阻。」

愛美不光是女人的天性，男人愛美的程度，有時完全不亞於女人，挪威男人勤於練就肌肉，早就不光是天性使然，還有社會壓力的影子。別忘了挪威女人老把自己當成男人，當她們也學會只以一套標準衡量男人的美醜，男人便無法再任由腰際皮帶的扣環逐日往前推進而毫無警覺。難怪有許多男人寧可站在女權的對立面，完全不樂見女人從束縛中得到解放，因為他們知道，下一步將是女人回過頭來要求他們隨時保有渾厚的胸膛、線條分明的腹肌、精實的臀部以及修長有力的雙腿，最好想想辦法消除你日益浮腫的眼袋、鬆垮的鮪魚肚和逐漸退縮的髮線。雖不至於世界末日，但真有必要如此強人所難？

4-5 恐同症

有很長一段時間，同志一旦表露性向，就會遭到公開羞辱……我們甚至以「娘炮」「死 Gay」做為咒罵孬種男人的用語，「男同志」竟然演變成了一句損人的話。

奧斯陸觀光導覽手冊目錄頁的其中一項是「Gay Oslo」，內容開宗明義「挪威人對同性戀的態度既自由又開放」，插圖是兩名男子四手糾纏，在海邊含情脈脈對望而坐。「他（她）們哪都可去，不必專挑特別屬於同性戀的酒吧和餐廳！」市政府製作文宣以此為號召，象徵本地歡迎同性戀的立場已達官方層次。

初抵挪威第一年夏天，我騎著自行車外出欣賞近郊風景，竟不小心誤闖彼鐸半島（Bygdøy，奧斯陸市區西南方半島）一處天體海灘。一名全身光溜溜的白人男子趨前提醒我，踏入此區，請務必一絲不掛。隨後我放膽體驗裸泳滋味，這位仁兄竟友善過頭，主動替我看守自行車和隨身衣物，待我上岸，又笑盈盈地邀請我到上坡處一起和他曬太陽，「當然，如果你之後感興趣的話。」他說。

我沒有接受他的提議，且立刻帶著滿腔疑惑匆匆離開，因此無法認定他究竟是不是位「同志」，不過，這次經驗倒也診斷出自己原來是個「恐同症」（homophobia）患者。在雄性的理想世界中，男同志無疑是對主流男子氣概最大的挑釁；七〇年代西方心理學家直接把同性戀視為一種疾病，治療方式之一則是電擊；中世紀歐洲人不僅會燒死女巫，也會燒死行為舉止像個娘兒們的男人。

西元前四世紀，亞歷山大大帝征戰萬里，他的一位貼身策士卻被繪聲繪

奧斯陸知名的同性戀酒吧 London Pub。

影懷疑愛上自己的主子，最後在一片疑雲中死於梅毒；十八世紀的瑞典國王古斯塔夫三世，個人斷袖之癖亦是宮廷裡公開的祕密，經年蜚短流長不止，縱然治國有方但鬱鬱寡歡，他的媽媽尤其瞧不起他，他的下場是遭刺殺身亡；二十世紀作家海明威透過《老人與海》一書，聲稱：「男子漢可以被摧毀，但不能被打敗。」身材粗獷、滿臉鬍碴的他，六十一歲那年出人意外選擇以自殺結束生命，後人藉由蛛絲馬跡抽絲剝繭，強烈懷疑海明威可能有性別錯亂的困擾，因此寧可自我毀滅。

古往今來身為同志似乎都沒什麼好結果，傳統社會也許便是從中醞釀出對同性戀的恐懼，但話說回來，不正是因為異性戀者的「恐同症」作祟，才造就了同志間悲慘的命運。

十九世紀「同性戀」（homosexuality）專業術語出現之前，兩個男人同床共枕會被婉轉稱做「希臘式愛情」，但這明顯違背了既有宗教觀念和兩性道德。不但無法發展出浪漫的故事情節，有很長一段時間，同志一旦表露性向，就會遭到公開羞辱或者長期監禁，日後我們甚至以「娘炮」「死Gay」做為咒罵孬種男人的用語，「男同志」竟然演變成了一句損人的話。

即使如挪威這般自由開放，也是遲至一九七三年才通過同性戀合法化。一九八一年同志地位再現轉機，男同志宣布出櫃後，也可照常入伍服役；經過國會多番角力，二〇〇九年挪威同性戀婚姻地位終於取得合法，同性戀夫妻從此和異性戀夫妻擁有一樣的權益，他國同性戀者大受鼓舞，紛紛探詢如何能夠移民挪威。進入二十一世紀，挪威社會已有超過七百對的同性戀婚姻家庭，男同志可以收養繼子，女同性戀可採取人工受精，並由國家負責支付費用；部分郡縣地方上的教堂，還採取了跨世紀的創舉，堂而皇之掛起了專屬同性戀符碼的彩虹旗。

荷蘭童書《國王&國王&家庭》（*King&King&Family*）二〇〇四年翻譯成英文版本，並獲引進美國，成為小學二年級讀物，結果很多家長不以為然，要求老師別再介紹這本離經叛道、光怪陸離的童話故事。只因為劇中王后替王子安排和鄰國公主相親，王子卻愛上了公主的哥哥，王后萬不得已只能尊重兒子的決定，讓本國王子和他國王子成婚，「夫妻」兩人日後皆被稱為國王，婚後他們領養了一個兒子共組家庭，住在城堡裡從此過著幸福快樂的日子。美國老師們從小朋友的反應發現，他們絕大多數還是期盼王子迎娶公主，而非兩位王子相偕步入禮堂。

這本書其實也曾在挪威造成很大的迴響，差別在於它被歸為幼稚園階段的教材，而且沒有遭到如美國社會般的強烈反彈。挪威人有機會提早教育仿若一張白紙的下一代，在多元的社會裡，有「單親媽媽」（王后）、「同性戀」（王子和王子），以及「領養」（兩位國王的養子）的存在是極為稀鬆平常之事。和《國王&國王&家庭》一樣具有同性戀意識的挪威童書，另有《瑪琳的媽媽娶了麗莎》（*Malin's Mother Gets Married to Lisa*），它讓挪威小朋友知道，單親媽媽離婚後無論再嫁或者再娶，對象未必都得是男人。

挪威人包容同性戀，並沒有其他過人的偉大情操，源頭純粹從「反歧視」而來；由平等主義建構出的社會，確實沒有理由讓某部分人永遠只能藏匿在陰暗角落。過去男同志只能見不得人地躲在衣櫃裡，日後「出櫃」一詞即為解放。

十八歲那年，有位澳洲籍英文老師曾在課堂上問我：「你是同性戀嗎？」

我說：「不是。」

挪威人從幼稚園開始就被教育這個社會的確有同性戀者的存在。

他再問：「你嘗試過嗎？」

我說：「沒有。」

他說：「你沒試過怎麼知道自己不是？」

這位老師並非同性戀，我想他咄咄逼人的目的，倒不是真質疑我的性向，而是看出在我簡潔堅定的語氣中，已不由自主暴露出當年我的「恐同症」跡象，他大概覺得有必要讓我知道，我不過是個不假思索的異性戀大男人主義者。

我不確定在我幼稚園那幾年，除了《白雪公主》《睡美人》《灰姑娘》這類永遠是王子救了公主的童話故事之外，若也有機會讀到《國王&國王&家庭》和《瑪琳的媽媽娶了麗莎》，成年之後，還會不會對同性戀、男同志感到排斥或者存有恐懼？也許有些時候，我們僅僅因為早期資訊的侷限，便導致了日後難以回頭的偏見。人類對未知的領域經常會表現出畏懼、恐慌，而被同時灌輸不得顯露畏懼、恐慌的大男人們，只好改以鄙夷、輕蔑的態度看待他們無法理解的事情。

由於害怕被當做同性戀，因此一旦受到懷疑，或者有疑似同性戀者貼近，男人就會很輕易地自動產生一種比既有男子氣概還要蠻橫的保護機制，以避開其中任何可能的情感交流，同時藉由羞辱同性戀來證明自己「是條漢子」。敝人的「恐同症」差不多是由此而生，儘管我們自認早已擺脫老舊的思想觀念，輕率地以平等主義者自居，但遇到實際狀況即見真章。同時不容諱言，男人對女同性戀接受的程度，向來要遠大於對男同性戀的接受程度，追根究柢，不過是反映了傳統陽剛品味對男人女性化的徹底藐視。

美國密西根大學教授英格爾哈特（Ronald F. Inglehart）在他一本探討人類現代和後現代化變革的巨作中，提供了我們一段有趣的對照：「當一個人的生活滿意度愈低，他就愈不希望同性戀成為自己的鄰居。」挪威在其調查樣本之列，統計結果，挪威落在同時擁有「高生活滿意度」和「低同性戀排斥度」的區塊，情況和芬蘭、瑞典、丹麥、荷蘭相去不遠。假如我們還願意視這幾個國家為當代人類文明的模範生，並試圖找出其中的道理，說不定可以從他們對待同性戀的態度嗅出一些端倪。

4.6

榮譽暴力

二〇一一年入秋之後，奧斯陸一度風聲鶴唳，全城籠罩在強姦案肆虐的陰影之下，婦女受襲擊玷汙的犯罪情事每隔一段時間就會見諸報端，奧斯陸市政府罕見地呼籲夜歸婦女最好結伴而行……

❋ ✳ ✱ ❖ ✲ ✶ ✷

伊朗女作家瑪莉娜．奈梅特（Marina Nemat）以寫實小說筆法，將自己國家女人地位低落不堪的情節公諸於世，從此聲名大噪。已移居加拿大的她，連續幾年受「奧斯陸自由論壇」（Oslo Freedom Forum）之邀前往挪威演講，

天之驕子的挪威女人，因此對中東婦女處境有更深刻的認識，反應當然是同情不已。

儘管奈梅特在論壇活動上被奉為上賓，底下聽眾卻無一是她的同胞。奧斯陸城東群聚許多伊朗移民，她們的女人則在演講廳數百公尺外的「奧斯陸中東區」（*1）彷彿兩不相干地繼續日常生活，對奈梅特這號人物視若無睹，更多的人則是壓根不知道她的存在。自從奈梅特脫下穆斯林婦女專用頭巾（Hijab），有恃無恐當眾在外拋頭露臉，注定就得遭自己同胞劃清界線。

一九七九年，伊斯蘭教領袖何梅尼上台掌權，伊朗政府隨後宣布徹底落實伊斯蘭教義，女人日後出門在外必須用頭巾遮蓋頭髮，且不得化妝，就連未戴頭巾的女性畫像亦是於法不容。《可蘭經》裡有幾段章節寫著：「女人是你們（男人）的領土……」「男性繼承的財產必須多於女性兩倍……」「男人有掌控女人的權力，因為真主已決定孰優孰劣……」「好女人都是聽話的……」霧裡看花的外人，對於這類男人至上的宗教教條總感到荒謬不解，很難體會當中奧義，加以奈梅特的親身經驗，挪威人相信並非所有伊斯蘭國家的婦女皆心甘情願低男人一等。

挪威女權團體向來對國境之內的中東移民相當灰心，挪威政府為這塊土地營造的自由、平等以及得天獨厚的女權，似乎都和移居此地的穆斯林婦女無關。她們遠離家園，等了大半年終於如願取得庇護入住奧斯陸，礙於伊斯蘭教義，最低限度連身上那席全罩式頭巾都無權脫下。依照挪威社會女權標準，規定女人一旦踏出家門，就得以頭巾、面紗將自己包得密不通風，簡直是踐踏女性尊嚴。當地女性主義者曾激進地在大庭廣眾下象徵性燒毀一塊頭巾，但因宗教自由之故，她們對滿街披掛頭巾的移民婦女也莫可奈何。

二〇一一年挪威發生「七二二屠殺事件」（***2**），美國CNN電視台記者親臨現場採訪，在移民問題所導致的社會衝突之外，記者還發現案外之案。原來穆斯林婦女即使落腳挪威、擁有挪威國籍，而且已能琅琅上口流利的挪威語，她們的生活照樣還是受控於伊斯蘭傳統父權家庭，包括必須忍受基於宗教習俗而來的女性割禮（genital mutilation）、強迫婚姻（forced marriage）以及榮譽暴力（honor violence）。如果一名穆斯林女孩的行為舉

移民挪威的穆斯林婦女，仍舊遵循伊斯蘭教義披戴頭巾上街。

止被認為有辱門風，她的家庭成員便有權對她暴力相向。至於何謂「有辱門風」，絕大多數情況也不過是抗拒父親安排的婚姻、要求離婚、私下和心儀的男子約會、穿著打扮西方化或者偷偷抹上淡妝。毆打的目的便是要糾正女孩偏差的行為，最普遍的約束是穆斯林女孩於青少年時期，嚴禁和其他挪威男孩子交朋友。

挪威本地記者也曾進行調查採訪，實際案例之一是一名出生挪威的巴基斯坦籍女孩被迫嫁給家鄉的堂哥，過程中她飽受威脅，如果不從，代價就是受到家庭成員出手動粗甚至殺害。

奈梅特在書中告訴讀者，根據伊斯蘭什葉派教義，男女之間尚有「臨時婚姻」的規矩，這是受伊斯蘭傳統和伊朗政府認可的婚姻契約，它為伊朗男人量身打造了在傳統婚姻之外和其他女人發生性關係的合法形式。挪威女權團體始終懷疑這群穆斯林移民也把自己國家的一套偷渡到挪威社會，落實於城裡中東移民占大多數的社區，幾經明查暗訪，令挪威女權團體惶惶不可終日之事，雖不中亦不遠已。

二〇一一年入秋之後，奧斯陸一度風聲鶴唳，全城籠罩在強姦案肆虐的陰影之下，婦女受襲擊玷汙的犯罪情事每隔一段時間就會見諸報端，奧斯陸市政府罕見地呼籲夜歸婦女最好結伴而行。經由被害人描述，不少人將矛頭對準中東裔男子。偏偏一名落網且坦承不諱的巴基斯坦移民，竟然大言不慚：「在伊斯蘭的世界裡，女人本來就沒有任何說不的權利。」無異證實了中東移民的父權觀念，並沒有因為受挪威平等風氣的洗禮而稍加收斂。「在本人的宗教觀裡，男人有權要求女人做任何事。」巴基斯坦男子以此為自己的犯行辯駁，結果當然不獲挪威法院接受。

挪威女權團體因為伊斯蘭教的婦女權益問題，早和穆斯林移民水火不容。在女權高度解放的社會，卻有一群人謹守最為反動、保守的女權觀，的確是很奇特的現象。七〇年代女權主義論點之一，即「男子氣概是透過男人的特權對女人壓迫而形成，以鞏固男尊女卑的觀念成為顛簸不破的信仰」，挪威女人曾試圖藉由這些道理向外來的穆斯林婦女進行再教育，結果盡是馬耳東風，受壓迫者未必領情。只不過她們彼此之間另有心照不宣的理由，也就是唯有繼續恪遵當下教義的行為規範，才可確保她們往後的日子平安無虞。於是每每挪威女人站在街頭上大聲疾呼女權無分宗教、國籍，居住在挪威的穆斯林一樣享有同等權益，穆斯林婦女泰半置若罔聞，對相關斗大的標語連瞄都不敢瞄上一眼。

自二〇〇九年移居奧斯陸，為了節省開銷，我經常前往中東移民群聚的格陵蘭區（Grøland）採買生活所需，幾年下來，我從未和任何一位在街上行走的穆斯林婦女交談，連問路都不曾有過。顧慮之一是出於對伊斯蘭教義的陌生，擔心主動攀談會是一種冒犯，更直接的原因，是她們似乎永遠視你為無物，儘管擦身而過，她們的眼神和目光絕對不會落在你身上。

挪威婦女推著嬰兒車搭乘公車，上下車之際，旁人偶爾會熱心地稍助一臂之力，挪威媽媽通常會回以點頭微笑表示感激，但穆斯林媽媽的反應總是一臉嚴肅，然後不發一語匆匆離開。假設不論及宗教內含的精神，一個人只因為性別因素，往後一輩子都得受制於人為的框架不得自由，實在讓人匪夷所思，尤其身處北歐社會，你很輕易便可對照出同一個環境，兩種女人天壤之別的境遇。捫心自問，傳統父權社會無關宗教的性別羈絆不也多如牛毛，一如穆斯林婦女的面紗約制了她們的言行，差別只在於我們看不到自己身上裹著的那條頭巾而已。

普立茲獎（Pulitzer Prize）得主琳希・阿道里歐（Lynsey Addario）鏡頭下的中東婦女。

*1：奧斯陸城東格陵蘭區群聚許多中東移民，其間的中東超市商品種類繁多，物價、房價稍低，街道迥異於城西景貌。

*2：二〇一一年，挪威男子布列維克（Anders Behring Breivik）在奧斯陸引爆炸彈，隨後在近郊烏托島（Utøya）持槍掃射無辜青年，總計造成七十七人死亡。二〇一二年遭挪威法院判刑二十一年徒刑。

4-7

教育男孩

「你們不可以要求女服務生穿成那樣！」

美式餐廳「Hooters」在全球各地擁有超過四百五十間連鎖店，最醒目的標記是店裡女服務生那襲白色背心、橘色短褲制服，她們不但會端盤子、點餐，還會搖呼拉圈炒熱現場氣氛，一九九七年業者將其引進台灣。在那之前，這家餐廳一度打算進軍挪威，結果預告開店的海報才剛掛上，就遭社區婦女聯名抗議，並在對街舉起布條，上頭寫著：「你們不可以要求女服務生穿成那樣！」

挪威人無福消受清涼開放的老美作風，女權意識加上保守心態，對市區裡五光十色的酒吧、夜店多少產生了「淨化」效果，但很多問題卻潛伏在其他角落。食色性也，既然外頭沒有酒池肉林、紙醉金迷的刺激，精力旺盛的青年男女乾脆情商家長在家辦狂歡「Party」，父母親為了尊重子女的獨立性，當天通常會識相地暫時消失一陣子，但臨出門前又不免交待一聲：「要開 Party 當然可以，不過嚴禁使用我們的臥房。」挪威父母也曾年輕過，很清楚熱血沸騰，正值青春期的兒子會和小女朋友在他們的床上幹出什麼事來。

挪威處方數據庫（Norwegian Prescription Database）資料記載，二〇一〇年挪威計有一千三百名介於十二到十三歲的女孩子前往藥房領取避孕藥，這個數字是二〇〇四年的兩倍之多，心理學專家擔心小女生過早體驗性生活，對往後身心皆有不利影響。奧斯陸醫院護士在報上說：「現在，當人們聽到十三歲的小女生已有性經驗，將不再感到大驚小怪。」政府衛生單位原本認為國內少女墮胎數字大幅下降是可喜可賀的現象，經由媒體深入

⪡ 挪威性別平等的一代也是性觀念開放的一代。

⪡ 這是一個女孩們可以無憂無慮在自家陽台或者路邊公園做日光浴而無人干擾的城市。

調查，根源竟然是因為避孕藥在女孩同儕間大行其道。

此外，挪威男生靦腆不善社交的個性，使得他們經常因為「怕尷尬」而不敢在商店裡購買保險套，影響所及，就是讓挪威躍居全歐洲最缺乏安全性行為的國家。儘管他們腦袋清楚，知道無論世界各地都可能存在愛滋病的威脅，但在纏綿悱惻的一夜情中，總是寧可放膽一搏。最看不慣挪威人作風行徑的當然就是杜蕾斯保險套公司，它語帶譏諷調侃挪威人：「為了性，你們的確願意承擔極大的風險。」

一項由歐洲各國衛生單位聯合發起的青少年性行為調查發現，法國青年常以「忘記了」當做理由而未使用保險套，但法國人再怎麼豪放，「不安全性行為比例」（不使用保險套比例）不過百分之四十；挪威人則高達了五成；同時也比英、美的百分之三十九還高；就連一向被視為浪漫不羈的義大利人，「不安全性行為比例」也只有百分之二十四。

和挪威「並駕齊驅」的國家，尚有中國、愛沙尼亞、肯亞和韓國，挪威男孩堪稱歐洲之最，但此一頭銜絲毫不讓人感到光榮。在性開放的年代，挪威男孩們仍然只把髮蠟、香水、沐浴乳當做日常生活所需，完全忽略保

2010 年挪威計有 1300 名介於 12 到 13 歲的女孩子前往藥房領取避孕藥。（APOTEK 為挪威連鎖藥局）

挪威便利超商架上的黃色書刊。

險套的必要性。專家反問，難不成他們迷信的是古老埃及傳說，以為光是洗澡，把自己弄得香噴噴就能控制生育。挪威性學專家歐拉夫（Kjell Olav Svendsen）且說：「這絕對是一場危機。」

圍繞在「性」方面的問題，不光發生在青春羞澀的男女身上。一名傳教士在挪威南部克里斯地安桑市（Kristiansand）的地方教堂向七十名男子傳教，在取得眾人共識後，他們決定透過公開告解，以求心靈解脫。結果幾乎所有人皆因沉迷色情網站和成人雜誌而感到十分懊惱，由於難以啟齒自己有愛看色情圖片的癖好，便從未接受適切的心理治療，導致愈陷愈深到經常與罪惡感為伍。電視台事後進行專題報導，結果證實，為數不少的挪威男人年紀輕輕就已成了色情刊物的奴隸。

最後這名傳教士也坦承不諱，透露自己就是因為無法拒絕千奇百怪的色情資訊而搞砸了婚姻。於是他鼓勵周遭男士，積極面對個人這方面的「隱疾」，因為色情網站、影片、刊物就像濫用藥物一樣，一旦沉迷，將進一步剝奪你正常生活的自由。

挪威出人意表之事不絕於耳，二〇一一年秋天，首都奧斯陸的強姦案就像出麻疹一般沒完沒了，全城陷入一片緊張兮兮，各大飯店還得提供隨身警報器給夜間外出的女遊客，並且靠民間人士自組巡邏隊，穿著螢光背心每晚在市區大街小巷為孤身女子助陣壯膽。

在兩性平權，甚至女權高漲的國度裡，入夜後婦女無法安心在街上行走，實在是莫大諷刺。這是一個女孩們可以無憂無慮在自家陽台或者路邊公園做日光浴而無人干擾的城市，逍遙法外的強姦犯則把整個社會攪和得亂成一團。當年挪威最大在野黨保守黨的政策之一，居然是「鼓勵婦女相互結伴回家」。歐盟報告顯示，挪威青少年接觸色情網站的的機會要比其他歐洲國家更多，兩性專家據此研判，這和社會上性侵暴力案件與日俱增必有因果關係。

而終於有人看到長期以來挪威人亦過於忽略的問題，他們雖然伸張女權行之有年，卻經常只把焦點放在女孩們要如何懂得保護自己，左派國會議員蕭杜里（Akhtar Chaudhry）於是出面呼籲，做爸爸的也應該開誠布公，主動教育自己的兒子尊重女性，切記務必發出明確的信號，告訴他們任何和性騷擾、性暴力有關的行為皆是無法令人苟同之事。

蕭杜里義正詞嚴：「既然強姦案的加害者都是男性，男人就有責任出面阻止悲劇發生，儘管我們無法對別人的行為做出保證，卻有必要保護自己的兒子不要成為『肇事者』。」於此同時，挪威人已警覺到「猥褻的一代」（porno generation）正在滋長蔓延，年輕一輩的言談舉止無一不和性扯上關係，還日漸低俗，這絕對會成為兩性平權的絆腳石。蕭杜里的發言振聾發聵，贏得不少迴響，教育男人如何尊重女人，到頭來或許還是比將「Hooters」拒於門外更為實際有用。

蕭杜里呼籲防範性騷擾要從教育自己的兒子做起。

4-8 粗腰肥臀

在韋格蘭雕刻公園裡，女性雕像也經常和惡龍一起出現，差別在於惡龍是從後頭環抱女人，而非雙方怒目而視……

韋格蘭（Gustav Vigeland）被喻為挪威二十世紀後期最偉大的雕刻家，他以新古典主義簡樸直率的風格進行創作，對人物肢體表情的刻劃深邃細膩，畢生心血結晶皆展示在市區裡占地三十二公頃的韋格蘭雕刻公園（Vigeland Sculpture Park）。韋格蘭專長描繪男女之間各種典型的境遇，一座七尺青銅

惡龍是從後頭環抱女人，意謂唯有女人能將邪惡馴服。

擺在韋格蘭公園內奧斯陸市標「憤怒小童」。

像呈現男人發狂似地想擺脫小孩糾纏，意境栩栩如生……諸如此類，反映了挪威十九、二十世紀之交的社會百態。

韋格蘭雕刻公園是挪威首都奧斯陸最知名的景點，園內有二百一十四件雕塑，共計七百五十八個人物；一尊面目猙獰、表情傳神的「憤怒小童」已成為奧斯陸市標。藉由韋格蘭的創作，我們得以窺見上個世紀挪威人的內心世界，當然，或許直到今天這些情緒還潛伏其中。從正門進入，步行小徑，繞過寬闊的草坪後直抵一百公尺長的「生命之橋」（***1**），各式各樣的男女雕塑羅列在橋的兩側。選在橋的中段處，韋格蘭將一名眉頭深鎖的男子擺於其上，他以跪姿扛著一圈厚重的巨輪，抽象、具象交雜，似是暗指絕大多數男人終需面對的中年危機。

韋格蘭十五歲就被父親送往城市拜師學藝學做木刻，靠著自修，他勤讀荷馬史詩和希臘戲劇，並熱衷於解剖學，從中激發靈感，日後卻從未進入任何一間藝術學院深造。靠著天賦異稟為人賞識，有幸遊歷丹麥、義大利、巴黎，直接向許多知名雕刻家請益，受「沉思者」（The Thinker）作家奧古斯都·羅丹（Auguste Rodin）影響極深，自己最後也如願成為一代雕刻大師。

他的創作很多是繫於男女之間的互動：一幅青銅浮雕中，英勇的男人正和一匹惡狠狠的野狼搏鬥，在旁觀望的女子，則對男子發出崇拜愛慕的眼神。如同傳統觀念為兩性量身打造的角色分配，韋格蘭的作品也有許多符合性別正確的安排，但至少在二十世紀之初，民風仍偏於保守的年代，韋格蘭即膽敢利用石雕隱喻同性戀者之間的情愫。

韋格蘭同時擅長把男人、女人、小孩彼此的關係以不同的組合製作成雕像，但無論如何，他所形塑出的每個女人，甚且都擁有豐滿的上圍和渾厚的臀部，粗獷的體態較男人有過之而無不及。有別於蒐藏在巴黎羅浮宮一身黃金比例的「維納斯」大理石雕，韋格蘭竟然是把挪威女人的身型刻得像隻母熊一般。

維納斯即使失去了手臂，因為身材比例勻稱，加上高貴典雅的氣質和迷人的神情體態，依舊被奉為女性之美的象徵。韋格蘭雕刻公園裡的女性雕像要不粗腰肥臀，就是臂膀結實強壯，不以維納斯為範本，韋格蘭對挪威的女人自當別有一番詮釋。今天的挪威女人，身材雖然無法和公園裡的雕像等量齊觀，卻一樣具備女性雕像強健體魄下油然而生的氣勢體魄。挪威人對纖纖女子向來不表推崇，早從維京時期，挪威女人似乎就已有不重身型，但求和男人平起平坐的野心。

一九四七年，韋格蘭雕刻公園正式對外開放，公園裡的女性雕像多數不脫孔武有力的模樣，儘管仍處處顯露守護子女的母性，卻又同時具備雄性的陽剛氣質。半個世紀後的挪威女人，正是如此。

曾經有過一段時間為謀生計，韋格蘭受聘於挪威教會，為地方教堂製作塔樓雕刻，受中世紀奇幻雕塑啟發，日後他經常以象徵邪惡的龍做為藝術主題，而最多見的就是男人和惡龍相互叫陣的畫面。有趣的是，在韋格蘭雕刻公園裡，女人也經常和惡龍一起出現，差別在於惡龍是從後頭環抱女人，而非雙方怒目而視。後人細究韋格蘭的發想，相信這當中意味著唯有女人能將邪惡馴服，意即女人的力量其實比男人還要驚人。

十九世紀中葉，挪威女權主義先驅柯莉特（Camilla Collett）透過文學寫作，為挪威女性主義發出第一聲槍響，後代學者稱頌柯莉特的貢獻之一，便是成功為挪威婦女贏得情緒和智識的解放。她在挪威文學史上地位崇隆，

身材壯碩的挪威女性。

⸓ 畫作裡小孩的身軀略為靠向母親，意喻小孩的心識感知，其實是較為傾向母親的一方。

更多的人則是感謝她替挪威性別平等之路鋪上紅毯，讓挪威女權發展能進一步超越參政權和工作機會平等的鬥爭，直搗女人內心道德價值的覺醒。她們除了為平等而戰，也和男人一樣有資格實現自我。柯莉特對挪威社會潛移默化的偉大貢獻，使得她個人的塑像之後也登上韋格蘭不朽的作品之一。

一地藝術家的筆觸、刀法和作工，經常暗藏著這個地方的價值密碼。儘管韋格蘭的創作多屬直觀、具體的表現，但每件作品背後仍存在著作者隱而未宣的故事，有待後人從鑑賞和反思中嗅出其間的道裡。就如同奧斯陸市政大樓一樓大廳牆面上的巨型畫作，此畫中央區左右兩側分別坐著赤裸全身的一男一女，他們同時牽著同一名小孩子，構圖除了是關於家庭的典型組合，小孩的身軀還刻意略為靠向母親；有別於父親單手牽之，母親是以雙手拉著小孩，隱含著小孩的心識感知，其實是較為傾向母親的一方。創作者細微渺小的鋪排，有時反而有昭告天下的用意。韋格蘭的作品也不例外，他雖輕描淡寫說「憤怒小童」是在朋友家中看到對方的兒子，才突然靈光一閃畫下草圖，但維妙維肖的生動模樣，更有可能是韋格蘭的童年寫照。

韋格蘭博物館（*2）的館員總是建議遊客不必拘泥於雕塑品深刻的內涵，盡管把它當做一般人日常生活所現，如此即能體會韋格蘭的初衷。公園內的「生命之泉」區裡有組巨型雕像，組成是由六個男人協力將一座碟狀水盆高舉過頭，泉水由盆中不斷湧出，六個男人各自代表不同年齡階段的男人，他們低著頭扛起沉重的水盆，象徵不管是哪個時期，男人肩頭都是千斤萬石。假設韋格蘭所欲傳達是挪威男人持家立業的宿命，與時俱進，為表現此地當代一般人的日常生活，這座雕像恐怕有必要拆毀重新製作，畢竟為了反映現實，我想，再加上六個女人應該也不為過。

*1：韋格蘭雕刻公園共分五區，包括正門、生命之橋、生命之泉、生命之柱和生命之環。

*2：韋格蘭博物館位在韋格蘭雕刻公園旁，裡頭存放韋格蘭上百幅的雕塑草圖。

Ch.5

三年半的新人生

依照男人的理想世界，我的行為舉止不失為一名「賢妻良母」，家中一年四季一塵不染，我自認功不可沒，卻十分懷疑到底它符合身為男人的哪一項要件。即使我們已脫離將易卜生視為異端的年代，女人競相爭得解放，誰說這就表示男人也準備好洗盡鉛華、宜室宜家。

5-1

居家生活

「女人根本無法在社會上扮演自己，因為這是個充滿陽剛味的世界，所有法律和制度皆是男人所創，造成男人都是以男人的觀點在評價女人。」

——易卜生（Henrik Johan Ibsen）

※ ＊ ✱ ❖ ✲ ✳ ✷

「守約者」（Promises Keeper）（***1**）的創辦人比爾．麥卡特尼（Bill McCartney）在《男人的要件》（*What Makes a Man*）一書中教導我們為夫之道。守則之一，就是要向自己的妻子承諾，做個可靠且值得信賴的人，如此你才能為家人帶來安全感，同時讓太太對你產生信心，接下來你就會被授予領導整個家庭的權力。

麥卡特尼是位美式足球教練，也是虔誠的基督徒。「守約者」成立的目的，主要以基督為指引，激勵男人朝更強大的陽剛之氣邁進。以保護家庭為職志的男子氣概，不僅是風俗使然，同時還具備了宗教性的情操和美德。「守約者」組織於二十世紀末誕生，正是男人雄風危如累卵的一刻。維京時代即引入基督教的挪威王國，幾百年來也曾深受此類教義影響，但時至今日，他們似乎已別有考量。

女權運動單靠挪威女人的力量，尚不足以在此蔚為潮流，若非十九世紀中葉地位崇隆的挪威劇作家易卜生（Henrik Johan Ibsen）插手介入，原本根植於斯堪地納維亞男尊女卑的兩性觀，也不至於要遭連根拔起的命運。易卜生在戲劇裡設計的對白，經常精準無誤地說出當代婦女的心聲，爾後並成為女權運動中經常被引述的至理名言，包括：「女人根本無法在社會上扮演自己，因為這是個充滿陽剛味的世界，所有法律和制度皆是男人所創，造成男人都是以男人的觀點在評價女人。」當時同樣一句話從女人口中說出，可能是在找碴、挑釁，由戲劇大師出手，至少還稱得上是忠言逆耳。

易卜生的作品在挪威一度掀起議論，遠銷英國更難免碰一鼻子灰。維多利亞時代尊崇男人至上的信徒，視其作品為善良風俗的毒素，只因為他筆下的女主角不但會出門賺錢，替丈夫收拾爛攤子，還會提出離婚要求，甚至膽敢大言不慚頂撞丈夫，直至拋夫棄子離家追求自我。易卜生的每一件作品似乎非讓男人七竅生煙不肯罷休，而他也不過是預言了一百年後的世界而已。

這位現代主義代表人物不斷交叉反覆提出同一件事實：「社會上存在兩套法律和兩套良心，一套屬於男人，一套屬於女人，它們各行其是。在現實生活中，人們卻總是以男人的法律和良心在約束女人，如此一來，我們不啻是把女人當成男人。」挪威女人長期禁錮在男人打造的囚籠裡，驚聞如此深得我心的見解無不感到熱血沸騰，既然這是易卜生筆下女人活生生的境遇，其他男人又有什麼話好說。挪威女人稱呼易卜生是正直敢言、無畏無懼、揭露真相的英雄，誠屬實至名歸。

儘管挪威女權團體十分感激易卜生的仗義執言，易卜生卻從不承認自己

挪威劇作家亨利・易卜生。

有意張揚女性主義，堅稱個人只想透過戲劇方式，誠實表達社會面臨的實際難題。例如他也曾說過：「一旦建築在貸款和債務之上，家庭生活便不再自由和美麗。」但觀眾們仍然只把目光集中在他對女性處境略帶煽情的描述，就算真的是無心插柳，結果也確實助長了女權運動在挪威蔓延，尤其他同時也把挪威男人聚集到舞台之前，藉由凸顯兩性地位失衡的劇情，讓彼此開始懂得該從什麼地方深切反省。

辭去報社工作隨妻「遠征」（心境上頗符合這兩個字）挪威，窮極無聊的我曾寫下一篇日常生活短文，那是我第一次感覺到事有蹊蹺，也許是出於角色易位所產生的不安，藉由記錄這些細節，我想試試看還認不認得自己是誰。

> 這裡的白天來得特別早，淡黃色的窗簾招架不住，陽光像探照燈一樣橫闖了進來，準時響起無聲的起床號。
>
> 我往枕頭裡鑽了兩下，眼睛半睜不開，撈了撈不屬於我的另半邊床，妳早就起身梳妝打扮。隔著半掩半閉的房門，我感覺到妳忽東忽西、忽遠忽

平日寫稿之餘，我還得同時曬棉被。

近，窸窣作響，集合所有細細小小的聲音，像是在和陽光聯合作戰，不讓我繼續賴床。

瞇著眼睛我以想像力跟隨妳的腳步，差不多該要蹲下身軀穿起靴子，接著在頸肩套上寶藍色絲質圍巾，今天跟著出門的，肯定是被 Jimmy 他老婆慫恿買下的那件黑色大衣。我總在這個時候才推開房門，妳拍拍我的頭要我提起精神，說今天陽光燦爛，很適合去公園跑步健身。

我一如往常，目送妳到門口，妳回頭像留聲機般交代當日的注意事項，厚重的大門旋即「碰」的一聲，直到這一刻我才真的清醒過來。下一秒開始便進入完全屬於自己的世界。

我經過走廊，來到廚房，早餐已經上桌，中餐則在一旁等著，在昨晚均衡的調配下，今天照例是青菜蔬果有魚有肉。家裡T字型動線，空間足供我來回走動，幫助胃腸消化，我可以到左邊的沙發區，遠眺白雪點點的青山，也可走到書桌旁，仰望比我們家還高出十層的商業大樓，或者就選擇站在正中央，俯視對街門庭若市的超級市場，在截然不同的時空環境裡體會自得其樂。

當太陽從房間的一頭繞到客廳窗外，不必抬頭偷瞄時鐘，我很清楚距離妳回家的時間也差不多是時候了。耳尖的我，仔細盯著電梯從一樓往上爬升發出的每一道細響，雖然隔著十公分厚的鐵門，我仍敏銳地察覺出鑰匙已經來到妳的手上。當妳踏入家門，見我分秒不差地站在眼前，如同數小時前目送妳出門的一幕，彷彿一條忠心耿耿的老狗。妳拉著我滔滔不絕地訴說今天一切的一切，我繞著妳打轉，滿心愉悅地搭腔……

二〇〇九年四月六日

我的電腦檔案夾裡至今還存有這篇文章，重新過目，簡直比閱讀一部驚悚小說更教人背脊發涼。它不僅是我的真實生活，而且男女主角似乎還顛倒戲服，如果活在維多利亞時代，我很可能要被以褻瀆男子氣概的罪名送上斷頭台，但又何妨，那難道會比一個男人成天窩在家裡等老婆下班還要糟糕？

依照男人的理想世界，我的行為舉止不失為一名「賢妻良母」，家中一年四季一塵不染，我自認功不可沒，卻十分懷疑到底它符合身為男人的哪一項要件！即使我們已脫離將易卜生視為異端的年代，女人競相爭得解放，誰說這就表示男人也準備好洗盡鉛華、宜室宜家。

易卜生另外有句名言：「寫作是坐著審判自己。」我終於找到當初令人惴惴不安的緣由，不在工作舞台上逞強好勝卻甘於居家生活，使得在下實在是深感罪孽深重。

---

*1：一九九〇年由比爾．麥卡特尼成立，是一個以基督信仰為中心的國際組織，藉此幫助全世界男人成為基督徒，並致力於宣揚保守基督徒的家庭觀。

5-2

Mr. Chen

女姓稱謂經常被男人拿來當成貶抑人的詞彙，古今中外都有這種習慣，「Mr. Chen」自然是寓貶於褒，意在言外……

歐洲婦女冠夫姓的傳統，偶爾有助於釐清男女之間的關係。一對亞洲夫妻參加一場歐洲人舉辦的酒會，主人因為素未謀面的亞洲太太以未含夫姓的全名自我介紹，竟面露尷尬，以為她的身分是「女朋友」。我太太因工作之故，結識不少挪威政商人物，在一場公開活動上，一位老先生熱情地和我打招呼，卻同時回頭問我太太：「我該稱這位男士『Mr. Chen』（我太太的姓）嗎？」

這是老一輩挪威人略帶挖苦的幽默，他們雖然也歷經了兩性平權的洗禮，不過心態上依舊偏於保守，「Mr. Chen」的意思或許是恭維我太太有獨當一面的本事，如同過去唯有妻子以夫為尊而冠夫姓，新時代的女人當然也有資格讓丈夫冠上「妻姓」，但骨子裡難免流露出他個人對男尊女卑不復當年的酸溜溜心理。

多數人對美國音樂天才查爾斯．艾伍士（Charles Ives）的印象十分模糊，並非他的作品水準不高，而是被演奏的機會少到無從讓人欣賞。他的本業其實是保險公司老闆，偶爾在工作閒暇時才會進行創作。美國歷史學家彼得．蓋伊（Petter Gay）翻箱倒櫃深入研究，發現艾伍士其實是受制於自己家鄉剛愎的保守觀念，才會改而從商，放棄以音樂維生。儘管他一輩子衣食無缺，畢生卻只能在音樂界當個最受忽略的奇葩。

在艾伍士幼年成長的小鎮裡，「音樂家」絕對不是一個具有男子氣概的人所該從事的職業。是個男子漢，就要出外做生意、賺大錢，封建的鄉里氣氛間接扭曲了艾伍士的意識形態，日後他把看不上眼的其他音樂家作品統稱為「娘娘腔」，稱呼所有他不喜歡的樂評家為「小姐」「阿姨」。女姓稱謂經常被男人拿來當成貶抑人的詞彙，古今中外都有這種習慣。「Mr. Chen」自然是寓貶於褒，意在言外。

依據傳統父權社會的邏輯，男性的性別認同，往往來自於凌駕女人的權勢、地位、名聲和社會威望，同時以支配者的角色維繫著男子氣概。挪威自二十世紀初開始大行角色顛倒之能事，過程中無法避免對許多男人的內心世界造成衝擊，就算今天大家已把「中性美女」（tomboys）視如常人，但對「女性化的男孩」（feminine boys）仍多所芥蒂，有時非常重要的關鍵，是在「職業」兩字。

男人必須從事什麼樣的行業，才足以為人稱道？女人得做些什麼事情才算恰如其分？父權體制最普遍的標準就是以男人的眼光全權決定一切，於是我們認定了男人就該把精力投入在充滿冒險犯難且兼具智慧的工作之上；論及女人，相夫教子便是她的工作和事業，否則即使女人有意闖蕩江湖，我們也傾向同意女人的才華應該表現在諸如育嬰、幼教以及社工等照顧他人的領域，或者是文書處理這類輔助性的職務，以凸顯所謂的「柔性特質」。北歐縱使堪稱兩性平權的社會，區隔男女職業分工的那條虛線，同樣依稀可見。

最顯著的例子就是幼稚園裡的教師一職長期乏男人問津，丹麥幼稚園裡的男教師僅占百分之十；芬蘭、瑞典比例更低，舉國上下幼稚園裡男性員工身影只有百分之三。挪威教育單位深以為鑑，自二〇〇四年起推出幼稚園男性教師倍增計畫，期望把徘徊在百分之八左右的幼稚園男性教師比例，一舉提升到百分之二十以上；許下心願後，各界無不看衰，數年過去，果然距離目標還差一大截。

二〇〇七年挪威教育暨研究部（Ministry of Education and Research）舉辦了場性別平等會議，與會者皆是受過高等教育的大學教授和各界菁英，當年知識界頂尖人物齊聚一堂，竟然是討論「性別平等必須從幼稚園做起」。首要任務尤其鼓勵各地幼稚園招募男教師，因為懵懵懂懂的小朋友也需要男性榜樣，更何況他們可能不由自主烙下刻板印象，以為「幼教工作皆是女人的專長」。往後這將成為他們難以抹滅的兩性思考方針，如此一來永

挪威幼稚園校外教學，偶爾可見男性教師。

幼稚園校外教學，女老師牽著學生，後方則跟著一位男教師。

遠也無法擺脫父權社會的既定模式，對性別角色徒增阻礙。「要讓性別平等成為根深蒂固的價值觀和規範，有賴時間和耐心為它帶來必然的變化，『幼稚園』即是性別平等教育漫漫旅程的起點。」這是那年性別平等會議的結論。

挪威首都奧斯陸是全國男性幼教人員比例最高的城市，二十一世紀初已有上千名男教師投入幼教工作之列，雖然人數上已有逐年上升跡象，比例早就超過百分之十，但和百分之二十的期望值仍然相去甚遠。

男人在職場上追求功成名就，是條打從一出生就遭社會集體布局之路，往後還牽涉到工作的內容。養活得起自己且能顧及妻小的音樂家、藝術家屈指可數（作家亦然），任何有志於此的男人都得面臨和艾伍士一樣的掙扎，絕大多數終將服膺社會期待，行有餘力再藉由「興趣」的方式宣洩理想。從小立志當教師的男人並不多見，要以幼稚園教師為職志，更加開不了口。原因或許無關乎工作內容，而是有礙父權之下的社會觀感。北歐國家尚且如此，其它國家可見一斑。我們期待兩性平權觀念普及於男女各個階層，事實上我們很可能在剛踏進幼稚園的一刻，腦袋裡就被植入男人強

挪威幼稚園裡的男性教師比例並不高。

壯、女人嬌弱的形象，然後一路追隨它直到永遠。

那年我和太太入境倫敦，在希斯洛（Heathrow）機場的通關處等待查驗，海關人員例行性問我太太：「從事什麼工作？」太太回答：「台灣外交部祕書。」而後順利通關。輪我上前，同樣的問題也落在我身上，在下簡單扼要告知「freelancer」，英國海關的音量微小到剛好僅限於我倆之間，他皺皺眉頭說：「Freelancer is not a job.」太太久候不至，繞回來告訴海關人員我是她的先生，二話不說，英國佬立刻蓋印放行。當然，我相信他終究不會對我多做刁難，只是這幾年下來，我發現與其細瑣繁雜的解釋我是誰，還不如一句「我是她先生」來得實際好用。可惜此等身分表述和「幼稚園教師」一樣，未必契合男人理想世界的心理需求。

5-3 半個人類

當女人不再以弱者之姿示人，且不再是被動、軟弱的象徵，何嘗不是已主動替男人卸下了因性別而來的道德重擔。

❋ ✳ ✱ ❖ ✲ ✴ ✷

淚珠在她眼眶裡打轉，因為她發現餐桌上的菜色很多是從她那偷師而來，難以置信我居然也有開竅的一天，廚房不再讓我感到困窘和焦慮，深居簡出的挪威生活，讓人有機會進行大幅自我改造。她不是哭泣，也沒有不高興，眼淚其實意味著許多事情。

婚後向來由我負責整理家務，暫居挪威這些日子以來也不例外，但這並非出於女權主義的勸諫，綜攬一切，不過是嫌她清潔衛生的標準不符合我個人潔癖要求。廚房則就另當別論，我始終強烈排斥學習做菜，油煙、菜渣、血淋淋的雞鴨魚肉讓人敬謝不敏，心態上當然也顧慮斤斤計較於柴米油鹽，將有損男人經世濟民的胸襟。無奈周遭環境薰陶，終究踏進廚房擔綱起家中伙夫。如有一天，我太太也拿起拖把在我面前來回擦拭地板，我想我一樣會聲淚俱下。

這段重新選擇的人生，果然變化多端，尤其過去被阻斷的陰柔特質，在此有很多機會獲得發展機會。挪威女權主義者相信，無論是男是女，體內皆同時存在陽剛和陰柔兩種潛能，只是經常遭刻板的性別期待抑制而無從發揮，二十一世紀的挪威社會，似乎就是為了印證這一派女權主義學說而來。

做為一個自己所熟悉的男人，過去總是削足適履，盡可能迎合社會對男人制約化的期待。深植腦海的男性形象，皆是積極進取、懂得抽象思考，且兼具勇氣和堅強的個性，儘管真是如此，也唯有不違逆傳統性別角色的

我不再視進廚房為畏途。

要求，我們才有辦法感到舒坦自在，我們的另一半也習於從中獲取安全感。男女雙方絕大多數甚少主動打破「男主外、女主內」那套約定成俗的兩性規矩，從不認為捨棄它說不定可以換來更美好的東西。

自頭至尾，我探求挪威兩性共處之道的用意，無非是要替自己解惑。「當女人逐漸成為權力的主導者，挪威男人的面子到底要往哪擺？」「男女角色趨近中性化的社會，究竟可不可取？」事與願違，一陣上窮碧落下黃泉，我依舊不敢確定是否有任何精準、深刻的答案存在，不過倒是發現一個有趣的現象。早期挪威女性意識興起，原本是為了讓受父權操縱的女人得到解放，過程中卻反而幫助了他們的男人從性別桎梏裡解脫，而且還有幸親身體驗另外「半個人類」的生活。在挪威，無論是男人還是女人，他們各自所扮演的性別角色，都遠比我們經歷的要豐富多元。

挪威女權發展相當全面，幾乎所有女人都可稱得上是女性主義者，男女平權的思想彷彿社會植被，遍及各階層領域。女人一夜情、家事五五分、同居風氣日盛，不婚主義、單親媽媽、奶爸橫行，男女平權表現各有不同卻殊途同歸，當中無不具有濃厚女權意識。或許一開始我們會把朝男人進

在挪威，無論是男人還是女人，他們各自所扮演的性別角色，都遠比我們經歷的要豐富多元。

逼而來的女人視為另一種威脅，認為她們無端干擾了雄性世界的遊戲規則，事實上男人才是真正受惠的對象。

他們不再需要被堅毅、冷靜、內斂、富裕、才幹、帥氣，甚或主宰一切、領導女人等理想的男人角色所約制。當社會上的女人不再以弱者之姿示人，且不再是被動、軟弱的象徵，何嘗不是主動替男人卸下了因性別而來的道德重擔！我相信今天多數人依舊認定「男人就該如此」，並且很輕易地就在傳統的經驗中找到許多證明，一旦失去男性準則，將何以為男人？包括許多女人也有同樣的認知。問題的根源很可能是父權思想的催眠，早從我們呱呱墜地的一刻就開始執行，以至於日後我們完全不知如何從這些虛有其表的裝飾中甦醒。

挪威對於兩性角色的期待和台灣落差甚大，剛好為我架構起一組全新的視角。長期浸潤於此地紅塵男女的日常生活，確實稍加修正了我對男女理想形象的定義。身為傳統女人的價值之一，就是她們總是懂得在操持家務中犧牲個人享樂，永遠是在先生上班、小孩上學、家事做畢的空檔縫隙，才能體驗微不足道的「自我」。職業婦女情況雖然稍有改善，但她們也得面對另一方面來自職場的不公平待遇，《性騷擾防治法》「同工同酬」「女性保障名額」難道是為男人伸張正義而來？

「世界上最完美丈夫」的頭銜落在挪威男人身上，有些嫁至當地的外籍新娘未必苟同這項調查，甚至覺得挪威男人比起自己家鄉男人顯得過度自我、孤僻自閉，有時還頗為自私。然而在他們的認知裡，女人本來就不是需要特別呵護照顧的對象，因為那是屬於小孩子的需求。挪威的家庭生活藉由兩性平等的行為阻卻了多數女人慣性的犧牲，男人從此遂無須再背負沉甸甸的道德壓力，認為自己唯有在職場上飛黃騰達，才足以維繫一個家庭的興衰和成敗。更何況他們的女人也有同等的機會和能力，且一樣具備男人定義下的理性和智慧，扮演著家庭成員中的另一根支柱。挪威男人如今能夠率性地在子女面前流露出溫柔灑脫的一面，或許也可稱之為另一種男人味。

我發現其實無須費力挖掘挪威女性外交人員如何面對性別導致的婚姻困境，或者他們的另一半究竟如何自處？因為挪威人的「父權思想」相形淡薄，甚至根本不敵「平權觀念」，當那些問題並不存在於這個社會，便無法寄望他們提供我有用的答案。我必須回過頭重新確認自己的價值體系，包括我們也許注定要受父權思想左右，但我們至少可以決定自己要被影響到什麼程度，以及我們對兩性平權的理解，除了「行為」與「機會」的公平均等之外，還有沒有更深一層化入心態的可能。

我很慶幸走了這一遭，儘管尚未得到為之茅塞頓開的結論，但我相信，我開始漸漸懂得如何當個「完整的人」。日暮時分，我太太即將下班回家，只得言盡於此，我，得進廚房準備今晚的晚餐了。

⸜「世界上最完美丈夫」的頭銜落在挪威男人身上。

北歐超完美丈夫的秘密

做家事帶小孩不過是份內的事而已

作者　李濠仲
攝影　李濠仲
裝幀設計　SAME HERE creative
校對　簡淑媛
行銷業務　王綬晨、夏瑩芳、邱紹溢、李明瑾、蔡瑋玲、張瓊瑜、郭其彬
主編　王辰元
企劃主編　賀郁文
總編輯　趙啟麟
發行人　蘇拾平
出版　啟動文化
台北市 105 松山區復興北路 333 號 11 樓之 4
電話：（02）2718-2001　傳真：（02）2718-1258
Email：onbooks@andbooks.com.tw

發行　大雁文化事業股份有限公司
台北市 105 松山區復興北路 333 號 11 樓之 4
24 小時傳真服務（02）2718-1258
Email：andbooks@andbooks.com.tw
劃撥帳號：19983379
戶名：大雁文化事業股份有限公司

初版一刷　2012 年 8 月
初版四刷　2016 年 2 月
定　價　299 元
ISBN　978-986-88075-7-0

國家圖書館出版品預行編目 (CIP) 資料

北歐超完美丈夫的秘密：做家事帶小孩不過是份內的事而已 / 李濠仲著. -- 初版. -- 臺北市：啟動文化出版：大雁文化發行, 2012.08
面；　公分
ISBN 978-986-88075-7-0(平裝)

1. 兩性關係 2. 社會生活 3. 挪威

544.7　　101013477